"高质量发展建设共同富裕示范区"系列丛书

社会创业

共同富裕的基础力量

魏 江 沈 睿———著

ZHEJIANG UNIVERSITY PRESS
浙江大学出版社
·杭州·

图书在版编目（CIP）数据

社会创业：共同富裕的基础力量／魏江，沈睿著
. — 杭州：浙江大学出版社，2025.4
ISBN 978-7-308-24873-0

Ⅰ.①社… Ⅱ.①魏… ②沈… Ⅲ.①创业－研究
－中国 Ⅳ.①F249.214

中国国家版本馆 CIP 数据核字（2024）第 082330 号

社会创业：共同富裕的基础力量
SHEHUI CHUANGYE：GONGTONG FUYU DE JICHU LILIANG

魏　江　沈　睿　著

策划编辑	张　琛　吴伟伟　陈佩钰
责任编辑	吴伟伟　陈逸行
责任校对	马一萍
封面设计	雷建军
出版发行	浙江大学出版社
	（杭州市天目山路 148 号　邮政编码 310007）
	（网址：http://www. zjupress. com）
排　　版	浙江大千时代文化传媒有限公司
印　　刷	杭州宏雅印刷有限公司
开　　本	710mm×1000mm　1/16
印　　张	12.5
字　　数	150 千
版 印 次	2025 年 4 月第 1 版　2025 年 4 月第 1 次印刷
书　　号	ISBN 978-7-308-24873-0
定　　价	78.00 元

浙江省文化研究工程指导委员会

丛书专家委员会

浙江文化研究工程成果文库总序

有人将文化比作一条来自老祖宗而又流向未来的河,这是说文化的传统,通过纵向传承和横向传递,生生不息地影响和引领着人们的生存与发展;有人说文化是人类的思想、智慧、信仰、情感和生活的载体、方式和方法,这是将文化作为人们代代相传的生活方式的整体。我们说,文化为群体生活提供规范、方式与环境,文化通过传承为社会进步发挥基础作用,文化会促进或制约经济乃至整个社会的发展。文化的力量,已经深深熔铸在民族的生命力、创造力和凝聚力之中。

在人类文化演化的进程中,各种文化都在其内部生成众多的元素、层次与类型,由此决定了文化的多样性与复杂性。

中国文化的博大精深,来源于其内部生成的多姿多彩;中国文化的历久弥新,取决于其变迁过程中各种元素、层次、类型在内容和结构上通过碰撞、解构、融合而产生的革故鼎新的强大动力。

中国土地广袤、疆域辽阔,不同区域间因自然环境、经济环境、社会环境等诸多方面的差异,建构了不同的区域文化。区域文化如同百川归海,共同汇聚成中国文化的大传统,这种大传统如同春风化雨,渗透于各种区域文化之中。在这个过程中,区域文化如同清溪山泉潺潺不息,在中国文化的共同价值取向下,以自己的独特个性支撑着、引领着本地经济社会的发展。

从区域文化入手,对一地文化的历史与现状展开全面、系统、扎实、有序的研究，一方面，可以藉此梳理和弘扬当地的历史传统和文化资源，繁荣和丰富当代的先进文化建设活动，规划和指导未来的文化发展蓝图，增强文化软实力，为全面建设小康社会、加快推进社会主义现代化提供思想保证、精神动力、智力支持和舆论力量；另一方面，这也是深入了解中国文化、研究中国文化、发展中国文化、创新中国文化的重要途径之一。如今，区域文化研究日益受到各地重视，成为我国文化研究走向深入的一个重要标志。我们今天实施浙江文化研究工程，其目的和意义也在于此。

千百年来，浙江人民积淀和传承了一个底蕴深厚的文化传统。这种文化传统的独特性，正在于它令人惊叹的富于创造力的智慧和力量。

浙江文化中富于创造力的基因，早早地出现在其历史的源头。在浙江新石器时代最为著名的跨湖桥、河姆渡、马家浜和良渚的考古文化中，浙江先民们都以不同凡响的作为，在中华民族的文明之源留下了创造和进步的印记。

浙江人民在与时俱进的历史轨迹上一路走来，秉承富于创造力的文化传统，这深深地融汇在一代代浙江人民的血液中，体现在浙江人民的行为上，也在浙江历史上众多杰出人物身上得到充分展示。从大禹的因势利导、敬业治水，到勾践的卧薪尝胆、励精图治；从钱氏的保境安民、纳土归宋，到胡则的为官一任、造福一方；从岳飞、于谦的精忠报国、清白一生，到方孝孺、张苍水的刚正不阿、以身殉国；从沈括的博学多识、精研深究，到竺可桢的科学救国、求是一生；无论是陈亮、叶适的经世致用，还是黄宗羲的工商皆本；无论是王充、王阳明的批判、自觉，还是龚自珍、蔡元培的开明、开放，等等，都展示了浙江深厚的文化底蕴，凝聚了浙江人民求真务实的创造精神。

代代相传的文化创造的作为和精神,从观念、态度、行为方式和价值取向上,孕育、形成和发展了渊源有自的浙江地域文化传统和与时俱进的浙江文化精神,她滋育着浙江的生命力、催生着浙江的凝聚力、激发着浙江的创造力、培植着浙江的竞争力,激励着浙江人民永不自满、永不停息,在各个不同的历史时期不断地超越自我、创业奋进。

悠久深厚、意韵丰富的浙江文化传统,是历史赐予我们的宝贵财富,也是我们开拓未来的丰富资源和不竭动力。党的十六大以来推进浙江新发展的实践,使我们越来越深刻地认识到,与国家实施改革开放大政方针相伴随的浙江经济社会持续快速健康发展的深层原因,就在于浙江深厚的文化底蕴和文化传统与当今时代精神的有机结合,就在于发展先进生产力与发展先进文化的有机结合。今后一个时期浙江能否在全面建设小康社会、加快社会主义现代化建设进程中继续走在前列,很大程度上取决于我们对文化力量的深刻认识、对发展先进文化的高度自觉和对加快建设文化大省的工作力度。我们应该看到,文化的力量最终可以转化为物质的力量,文化的软实力最终可以转化为经济的硬实力。文化要素是综合竞争力的核心要素,文化资源是经济社会发展的重要资源,文化素质是领导者和劳动者的首要素质。因此,研究浙江文化的历史与现状,增强文化软实力,为浙江的现代化建设服务,是浙江人民的共同事业,也是浙江各级党委、政府的重要使命和责任。

2005年7月召开的中共浙江省委十一届八次全会,作出《关于加快建设文化大省的决定》,提出要从增强先进文化凝聚力、解放和发展生产力、增强社会公共服务能力入手,大力实施文明素质工程、文化精品工程、文化研究工程、文化保护工程、文化产业促进工程、文化阵地工程、文化传播工程、文化人才工程等"八项工程"，实施科教兴国和人才强国战略，加快建设教育、科技、卫生、体育等"四个强省"。作为文化建设"八项工程"之一的文化研究工程，其任务就是系统研究浙江文化的历史成就和当代发展，深入挖掘浙江文化底蕴、研究浙江现象、总结浙江经验、指导浙江未来的发展。

浙江文化研究工程将重点研究"今、古、人、文"四个方面，即围绕浙江当代发展问题研究、浙江历史文化专题研究、浙江名人研究、浙江历史文献整理四大板块，开展系统研究，出版系列丛书。在研究内容上，深入挖掘浙江文化底蕴，系统梳理和分析浙江历史文化的内部结构、变化规律和地域特色，坚持和发展浙江精神；研究浙江文化与其他地域文化的异同，厘清浙江文化在中国文化中的地位和相互影响的关系；围绕浙江生动的当代实践，深入解读浙江现象，总结浙江经验，指导浙江发展。在研究力量上，通过课题组织、出版资助、重点研究基地建设、加强省内外大院名校合作、整合各地各部门力量等途径，形成上下联动、学界互动的整体合力。在成果运用上，注重研究成果的学术价值和应用价值，充分发挥其认识世界、传承文明、创新理论、咨政育人、服务社会的重要作用。

我们希望通过实施浙江文化研究工程，努力用浙江历史教育浙江人民、用浙江文化熏陶浙江人民、用浙江精神鼓舞浙江人民、用浙江经验引领浙江人民，进一步激发浙江人民的无穷智慧和伟大创造能力，推动浙江实现又快又好发展。

今天，我们踏着来自历史的河流，受着一方百姓的期许，理应负起使命，至诚奉献，让我们的文化绵延不绝，让我们的创造生生不息。

2006 年 5 月 30 日于杭州

总　序

　　本丛书源于党的十九届五中全会的报告。报告明确提出，到 2035 年基本实现社会主义现代化远景目标，并首次提出"全体人民共同富裕取得更为明显的实质性进展"。随后，2021 年 6 月 10 日，《中共中央 国务院关于支持浙江高质量发展建设共同富裕示范区的意见》发布，浙江省被赋予高质量发展建设共同富裕示范区的光荣使命。我作为浙江省政协智库专家、浙江省特色智库的负责人，参与了关于支持浙江省高质量发展建设共同富裕示范区的研究工作，在讨论过程中意识到社会对如何实现共同富裕有一些不正确的认识，比如，有人认为共同富裕就是"杀富济贫"，就是"平均主义"。我在 2021 年 6 月就发表了自己的鲜明观点，"共同富裕必须建立在财富创造的基础上，而不是在财富分配的基础上"。

　　为了积极响应党和国家提出的"共同富裕"这一重大命题，引导整个社会正确认识"共同富裕"，管理学者应该要向社会传递正确的认识，应该以管理理论视野去提出思路，应该扎根浙江探索面向共同富裕的管理理论。于是，2017 年在学校统战部领导下，浙江大学管理学院召集学院民主党派、无党派人士代表召开了"共同富裕示范区"建设研讨会，会后，管理学院设立了"共同富裕"专项系列研究课题，集结全院优秀师资，从管理学的多角度总结浙江经验，分析问题挑战，凝练理论逻辑，以期为浙江省高质量发展建设共同富裕示范区贡献浙大智慧。

共同富裕是社会主义的本质要求，是人民群众的共同期盼。在高质量发展中扎实推动共同富裕需要理论创新、实践创新、制度创新、文化创新。管理学院"共同富裕"专项研究预研课题正是基于"国家所需、浙江所能、群众所盼、未来所向"的原则，扎实依托管理学理论基础，充分调研浙江省基层实践经验，深度参与体制机制和政策框架建设，全面探究浙江省域文化创新，期望为实现共同富裕提供理论思路和浙江示范。

锲而不舍，终得收获。经过一年多的努力，"共同富裕"系列丛书终得面世。本套丛书遵循"创造财富—分配效益—共同富裕"的逻辑，结合浙江大学管理学院的学科特色优势，从创新、创业、数字化改革、文旅产业、数智医疗、新式养老、社会责任等方面总结浙江在探索"共同富裕"道路上的有效做法及其背后的管理理论。这些出版的专著包括《社会创业：共同富裕的基础力量》《优质共享：数智医疗与共同富裕》《成人达己：社会责任助力共同富裕》《五力祐老：共同富裕下的新式养老》《创新驱动：实现共同富裕的必由之路》《数智创富：数字化改革推进共同富裕》《美美与共：文旅产业赋能浙江乡村蝶变》七本著作（见图0-1），这些专著背后的理论根基恰好是我们的学科优势，比如，全国领先的创新管理和创业管理学科，文旅产业、养老产业等特色领域，以及数智创新与管理交叉学科。

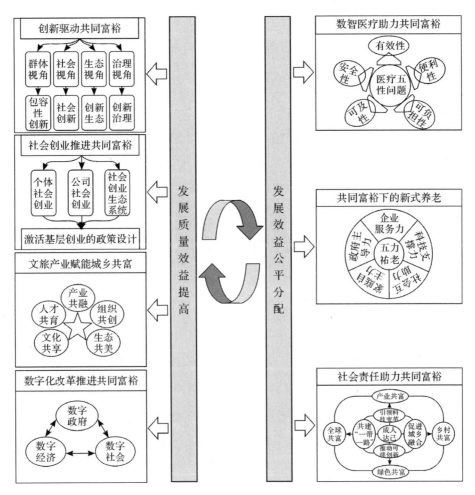

图 0-1 "高质量建设共同富裕示范区"系列研究总体框架

　　本丛书是中国统一战线理论研究会非公有制经济人士统战工作理论浙江研究基地（以下简称基地）的成果。该基地由中共中央统战部批准，受中国统一战线理论研究会领导，由浙江省委统战部、浙江大学党委统战部和浙江大学管理学院联合组建。基地发挥浙江大学管理学院在非公有制经济和非公有制经济人士研究的学科优势和浙江省非公经济发展的区位优势，聚焦促进非公有制经济健康发展和非公有制经济人士健康成长，开展科学研究、人才培养和政策研究，是新时代的新型高校智库。丛书的高质量、高效率完成和出版，要特别感谢浙江大学党委书记任少波教授的鼓励和支持，他亲自担任该丛书的专家委员会主任，指导我们的研究工作；要特别感谢浙江省社科联党组书记郭华巍，浙江省社科联主席盛世豪，浙江省委副秘书长、政策研究室主任朱卫江，浙江大学副校长黄先海等专家的指导和评审；要特别感谢谢小云、黄灿、刘渊、邢以群、应天煜、莫申江、沈睿、刘玉坤等作者的辛苦付出；还要特别感谢朱原、杨翼、蒋帆、刘洋、张冠宇等在项目推进中的大量协调和联络工作。此外，要特别感谢浙江省人大常委会代表工作委员会副主任谢利根和浙江省社科联规划处副处长黄获先生的大力支持，使得本丛书获得"浙江文化研究工程"立项。

丛书初稿完成时，正值党的二十大胜利闭幕，党的二十大报告强调"全体人民共同富裕的现代化"是中国式现代化的一个重要内涵。因此，本套丛书的出版也是学习贯彻落实党的二十大精神的成果。苟日新，日日新，又日新。共同富裕是中国特色社会主义的本质要求，也是一个长期的历史过程。让我们一起坚定信心、同心同德，埋头苦干、奋勇前进，美好生活图景正在更广阔的时空尽情铺展。

魏 江

2025 年春于紫金港

前　言

　　"十四五"时期是我国全面建成小康社会、实现第一个百年奋斗目标之后,乘势而上开启全面建设社会主义现代化国家新征程、向第二个百年奋斗目标进军的第一个五年。按照《中华人民共和国国民经济和社会发展第十四个五年规划和 2035 年远景目标纲要》(以下简称"十四五"规划),我国要在全体人民共同富裕上取得更为明显的实质性进展。从脱贫攻坚到全面小康再到共同富裕,这三大目标都是由社会主义国家的基本经济制度决定的,是我国适应时代发展、顺应人民期待所确立的伟大战略目标。然而,如何在刚刚全面建成小康社会、人民还没有"足够"富裕的情况下实现共同富裕? 这对我国而言是一个极具挑战性的问题,亟须探索出一条具有中国特色的共同富裕道路。

　　共同富裕是社会主义的本质要求。但现实挑战也是超越人类历史的,因为我国仍处于全球追赶阶段,既要让经济保持中高速发展,又要让人民群众实现共同富裕,亟须进行理论创新和实践突破。现阶段,我国区域发展不平衡不充分,城乡居民收入分配差距较大,要在这样的现实下探索一条共同富裕的道路,就需要选取部分条件相对具备的地区做示范,在政策上先行先试,因此,中央在"十四五"规划中明确赋予了浙江"高质量

1

发展建设共同富裕示范区"的重大任务。中央之所以将如此重大且艰巨的任务交给浙江，是因为浙江省在探索解决发展不平衡不充分问题方面取得了明显成效，浙江人敢为天下先的创新创业精神、自上而下对创新和变革的包容精神为浙江共同富裕奠定了较为坚实的产业基础、社会基础和文化基础，能为全国实现共同富裕提供模范经验。

本书的核心观点是，浙江高质量发展建设共同富裕示范区需要做好以下三点。

第一，需要坚持以创新创业为核心去创造财富，而不能依靠财富再分配。要坚持浙江精神，以精准创新创业为主线，通过"一个关键要素、四大创业重点、四种发展模式"的创新创业新模式，为关键群体搭建平台型创业基础设施，有效实现"扩中""提低"，高效建设橄榄型社会，逐步探索出"先富"与"共富"并举的新发展道路。

第二，需要鼓励全社会创新创业，尤其是激发社会基层群众的创业精神。只有全社会上上下下都从事创新创业，才能持续创造社会价值，长远性提高困难家庭的可支配收入，真正解决城乡区域发展不协调、收入分配差距较大等核心问题。对于政府来说，需要为重点群体搭建良好的创新创业基础设施，优化创新创业生态系统，以探索出以社会创业促进共同富裕的路径。

第三，需要发挥社会创业这一基础力量，从个体、组织和生态层面系统地推动基层群体的创业。社会创业是指用创新创业的手段解决社会主要问题和挑战，由于具有公益性、自发性、草根性等，其往往能作为政府与市场之间的缓冲器，通过平衡经济目标与社会目标维护社会公共利益，对于我国追求高质量发展、实现共同富裕的目标具有关键意义。

　　本书试图构建以社会创业激活基层创业、促进共同富裕的核心框架，具体章节安排如下。

　　第一章为绪论：共同富裕的基础力量。开篇提出浙江高质量发展建设共同富裕示范区的时代背景，立足浙江实践，提出本书的核心观点，即创新创业是实现共同富裕的关键动力、社会创业是推动共同富裕的基础力量。

　　第二章为居民收入结构与共同富裕面临的挑战。通过对浙江历年居民收入结构数据的系统分析，揭示了浙江实现共同富裕的瓶颈区域、瓶颈收入阶层，相应提出了缓解收入差距、城乡差距和区域发展不平衡等问题的基本思路。

　　第三章为以精准创新创业促进共同富裕。本章聚焦收入群体的差异化特点，瞄准重点群体，提出有效带动创新创业的"四种人才"、推进包容性创新创业的"四大重点"和推进基层群体创新创业的"四种模式"，以实现"就业—创新—创业"三位一体的全面布局。

　　第四章至第六章分别探讨了农民创业、公司社会创业、社会创业生态系统与共同富裕的关系。这三章系统呈现了如何从个体、组织和生态层面发挥多主体协同的力量，激活基层群体的创业热情。第四章聚焦于基层群体的主要构成——农民，分析了农民创业的现状、问题与挑战，提出激发农民创业动机、创造农民创业机会、提升农民创业能力是促进农民创业、助力共同富裕的关键；第五章关注大企业在利用现有资源解决社会问题上的独特优势，提出以公司社会创业激活基层创业、协调区域发展机会、赋能数字化成长的路径；第六章关注社会创业生态系统对基层群体创业的赋能作用，提出要发挥数字经济时代最具创新活力、最具创新能力的市场主体——平台型企业——的力量，通过构建社会创业生态系统、打造共赢社会创业生态，为经济社会的平衡、协调、包容和可持续发展贡献力量。

第七章为推进基层创业的政策设计。本章在分析国家、浙江省和辖区层面现有政策的基础上，从激活个体（农民创业）、激活企业（公司社会创业）和优化生态（社会创业生态系统）三大方面提出了以社会创业推进共同富裕的政策建议。

本书是浙江省"浙江文化研究工程"项目的成果。魏江负责本书的总体设计、指导等统筹工作。魏江、沈睿负责本书各章的修改工作，沈睿负责本书撰写的具体协调工作。各个章节的撰写分工如下：前言、第一章由魏江执笔；第二章由周璐杰、魏江、沈睿执笔；第三章由魏江、缪沁男执笔；第四章由杨洋执笔；第五章由沈睿执笔；第六章由缪沁男执笔；第七章由魏江、苏钟海执笔。感谢浙江大学党委书记任少波教授，浙江省社科联党组书记、副主席郭华巍先生，浙江省社科联主席盛世豪教授对本书的评审，他们在本书写作过程中提供了高屋建瓴的指导意见。

目　录

第一章

绪论：共同富裕的基础力量

共同富裕是社会主义的本质要求，是人民群众的共同期盼。"十四五"规划明确赋予浙江"高质量发展建设共同富裕示范区"的重大任务。本章结合浙江高质量发展建设共同富裕示范区的时代背景，认为浙江要建设好共同富裕示范区，需要坚持以创新创业为核心创造财富，而不是依靠财富再分配。本章还提出，浙江之所以成为全国最富裕的省份之一，与民营经济发达和具有创业精神密切相关。未来要坚定不移地发展民营经济，鼓励浙江人通过创新创业来建设共同富裕示范区。

一、中国实现共同富裕的历史性挑战

中华民族从"富起来"到"强起来"是一个长期的过程。从改革开放算起，我国用了40余年时间实现了全面小康，还需要30年左右的时间去建设现代化强国。既要快速发展实现全球追赶，又要共同富裕实现全社会共享发展，这就需要以智慧去解决"先富""带富"与"共同富裕"的关系。从"富起来"到"强起来"，是一个复杂且艰巨的任务。我国刚刚完成脱贫，全社会刚刚实现全面小康，在人民还没有充分富起来的情况下，就迈上了奔向共同富裕的新征程，这属于人类的首创，是世界上从没有一个国家提供过答案的难题。因此，浙江要高质量发展建设共同富裕示范区，就需要回答好这个时代赋予的命题。

具体地说，要建设共同富裕示范区，需要回答三个人类历史上从来没有解决过的问题。

第一，我国人均 GDP 处在全球中间水平，与发达国家的差距很大，如何在"富起来"的过程中实现共同富裕？我国无法复制欧美模式，需要中国智慧。2020 年，中国人均 GDP 为 10839 美元，排名世界第 59 名，仅有美国的 1/6。如果从全球全部国家和地区的收入水平看，在人均 GDP 低于 2 万美元时，还没有人敢去想象共同富裕。因此，我国要实现共同富裕，起码包含两大任务：一是要成为富裕国家，二是要最终实现共同富裕。从各国数据看，不同国家人均 GDP 从 1 万美元到 2 万美元所经历的时间并不一样，英国用了 12 年，德国用了 11 年，法国用了 12 年，韩国用了 13 年，美国用了 9 年，新加坡和日本只用了 6 年。中国在人均 GDP 刚刚突破 1 万美元，还远未达到 2 万美元的发达国家门槛时，就要开始推进共同富裕，这就需要中国人的智慧。中国刚刚全面建成小康社会就要努力实现共同富裕，这是由社会主义国家的基本经济制度决定的，是由中国共产党的宗旨决定的，也是由中国特色社会主义的根本目标决定的。之所以强调需要独特的智慧，是因为中国的共同富裕不能借鉴欧美模式，不能搞平均主义，不能"杀富济贫"，要继续允许一部分人先富起来，进一步发展和解放生产力。同时，我国要实现共同富裕，就必然需要通过再分配和第三次分配，通过一系列基于民生的财政政策、税收政策等分配政策，来"扩中""提低",要解决这个世界难题,就要探索具有中国特色的共同富裕道路。

第二,区域发展不均衡不充分情况突出,共同富裕模式无法套用一个模板,既要有示范,也要先行先试。按照"十四五"规划,我国要在全体人民共同富裕上取得更为明显的实质性进展。这不仅需要长三角、珠三角、京津冀等经济较发达区域更快发展,还需要整个中西部地区的发展取得明显成效。那么,如何在区域发展不平衡不充分、城乡居民收入分配差距较大的背景下,找到一条共同富裕的道路? 这也是个世界级难题。我国有超过 14 亿人口,人均 GDP 仍处于中等偏下水平,内部各区域之间、城乡之间实现共同富裕的基础和条件差异很大,难度也极不相同。虽然,我国已经建立了共识:促进全体人民共同富裕是一项艰巨而长期的任务,不可一蹴而就,但如何在这个背景下找到一条有效的路子,需要中国独特的智慧。目前中央决定选取部分条件相对具备的地区做示范,在政策上先行先试,通过在浙江开展示范区建设,率先探索破解新时代社会主要矛盾的有效途径。那么,对于浙江来说,就需要从根本上找到建设共同富裕示范区的目标体系、工作体系、政策体系、评价体系,以重大理论创新、实践创新、制度创新和文化创新成果为全国其他地区分梯次推进、逐步实现共同富裕提供省域示范。

第三,既要允许有人继续先富起来,又要解决共同富裕的问题,共同富裕模式无法沿用传统思维,需要开辟具有中国特色的发展道路。改革开放初期,中央明确提出"允许一部分人先富起来,最终带动共同富裕",这个政策让我国经济实现了超速发展的"黄金 20 年"。如今,经过 40 多年的经济发展,先富已基本实现,但是群体间收入差距也在逐步拉大,由此引发了一系列严峻的社会问题。根据调研报告《2019 年中国城镇居民家庭资产负债情况调查》的数据，我国家庭总资产前 1% 的人拥有全社会 17.1 的财富；前 10% 的家庭拥有全社会 49% 的财富；在最低 20% 分组 的家庭，其净资产只占全社会的 2.6% 。此外，国家统计局的数据显示，近 年来，中国的基尼系数一直维持在 0.4—0.5，与一些发达国家相比存在明 显差距。面对收入群体呈现的收入差距，如何通过先富带动后富，如何构 建初次分配、再分配、三次分配的基础性制度安排，值得进一步思考。尤 其是在当前互联网经济背景下，数据、信息、知识等隐性资源的聚集效应 更加明显，资本无序扩张，优质、创新的生产要素正在向更富有的人靠拢， 各行各业的"平台效应""头部效应"愈加明显。因此，我国需要重新认识 数字生产要素及创新生产模式对社会财富的驱动效应，加快健全一系列 基础性制度，探索出一条效率与公平兼顾的发展道路。

二、浙江建设共同富裕示范区的历史性选择

"治国之道，富民为始。"共同富裕是社会主义的本质要求，是人民群 众的共同期盼。但是，现阶段我国在还没有"足够"富裕的情况下，如何探 索出中国式共同富裕道路？浙江历史性地承担起了高质量发展建设共同 富裕示范区的重大责任。国家"十四五"规划明确赋予浙江"高质量发展 建设共同富裕示范区"的重大任务。2021 年 6 月 10 日，《中共中央 国务 院关于支持浙江高质量发展建设共同富裕示范区的意见》发布（以下简称 《意见》）。《意见》指出，支持浙江高质量发展建设共同富裕示范区，有利 于通过实践进一步丰富共同富裕的思想内涵，有利于探索破解新时代社 会主要矛盾的有效途径，有利于为全国推动共同富裕提供省域范例，有利

于打造新时代全面展示中国特色社会主义制度优越性的重要窗口。

那么,中央为什么把如此重大且艰巨的任务交给浙江?《意见》中有这样一句话,"浙江省在探索解决发展不平衡不充分问题方面取得了明显成效,具备开展共同富裕示范区建设的基础和优势"。浙江之所以能够取得明显成效,是因为浙江人有独特的创新创业基因,浙江人"敢为天下先"的创新创业精神为浙江共同富裕奠定了较为坚实的产业基础、社会基础和文化基础。不妨关注以下几个关键数据:一是2021年浙江省生产总值为7.36万亿元,人均生产总值超过10万元,居民人均可支配收入为5.75万元,是全国平均水平的1.64倍。城、乡居民收入分别连续21年和37年居全国各省(区)第一位。二是浙江城乡居民收入倍差为1.96,远低于全国的2.56,是全国唯一所有设区市居民收入都超过全国平均水平的省份。三是浙江探索创造了"最多跑一次"等多项改革先进经验,创造和持续发展了"依靠群众就地化解矛盾"的"枫桥经验",各地普遍具有比较强烈的改革和创新意识。

事实上,浙江之所以具备高质量发展建设共同富裕示范区的基础和优势,离不开以下三点:第一,浙江人具有创业文化。浙江发展不是靠"要",也不是因为在制度上有什么特殊政策,而是浙江自下而上都具有对市场创新与制度变革的包容精神。浙江人天生具有创业基因与"四千"精神(走遍千山万水、想尽千方百计、说尽千言万语、吃尽千辛万苦),浙江已从草根创新创业发展为全民创新创业。截至2021年6月底,浙江省新设各类市场主体83.01万户,两年平均增长5.47%。其中,科学研究和技术服务业新设企业3.32万户,同比增长40%;信息传输、软件和信息技术服务业新设企业2.98万户,同比增长61%。浙江共有各类市场主体830万户,企业 280 多万户,个体工商户 550 多万户。按照现在常住人口的规模来看,8 个浙江人里面就有 1 个是老板。根据《浙江省市场监管"十四五"规划》,到 2025 年,浙江在册市场主体总量预期达到 1100 万户。在 2021年中国民营企业 500 强榜单中,浙江的民营企业占到其中的 96 席,连续23 年居全国首位。开放包容的创业精神为浙江经济源源不断地输入活力,各类市场主体的加入激发大量财富积累。浙江农村居民已在全国率先消除家庭人均纯收入 4600 元以下的贫困现象,截至 2023 年底,农村居民人均可支配收入连续 39 年稳居全国各省(区)第一。可见,开放包容的创业氛围驱动了大量创新创业实践,正是基于创新的创业实现了持续稳定的财富创造,有效提高了困难家庭的可支配收入,推动了欠发达地区的经济发展。可以说,创新创业是解决浙江城乡区域发展不协调、收入分配差距的强大武器。

第二,浙江人经济总量(GNP)远高于浙江省地区生产总值。浙江城乡居民人均可支配收入连续 30 多年稳居全国第一,原因主要就在高 GNP(人均地区生产总值排在全国第五位)。浙江人市场意识超前,凡是有市场机会的地方必有浙江人,"省外浙商"不断崛起。根据 2019 年第五届世界浙商大会的报道数据,浙江有 600 多万名浙商在国内各地经商办企业,有 200 多万名浙商在全球各个国家和地区投资创业。800 多万名在外浙商每年创造的财富总值和浙江全省生产总值相仿。换言之,分布在全球的浙商再造了一个"浙江省"。自 2003 年以来,浙江省政府高度重视省外浙商反哺浙江经济。2006 年,浙江开始实施"省外浙商回归工程",通过相关的鼓励政策,引导省外做大做强、优势明显的浙商回乡投资创业。2012 年,浙商回归出现热潮,规模创下 1298 亿元新高。之后,浙商回归引入项目与资金逐年增加。2022 年的第六届世界浙商大会招引项目总投资额为历届之最,协议总投资额达 3699 亿元,涉足范围包括数字经济、生命健康、新能源、新材料等重点产业。浙商群体代表着资源、市场、项目和投资,是推动浙江经济持续健康发展的重要力量,他们利用在省外创造的财富积极反哺家乡,为浙江提供资本、技术、信息、人才等优质要素,大力参与新农村建设、山海协作工程、社会公益事业等,为全省人民实现共同富裕提供了重要的物质支撑。

第三,浙商具有济世扶贫的传统。浙江企业有积极投身社会公益事业的传统,它们将企业财富成果与社会大众共享,致力于解决和缓解教育、环境、养老等领域的社会问题。根据《浙商社会责任报告2020》[①]的数据,95% 的浙商企业在慈善捐赠、环境保护、社会服务等方面均开展了不同程度、形式多样的社会责任实践。2020 年新冠疫情期间,广大浙商企业更是多渠道积极捐资捐物,主动发挥专业能力助力抗击疫情,表现十分突出。截至 2020 年 3 月初,浙商企业设立基金和捐款捐物累计超过 20 亿元。因此,无论是浙江省对外经济帮扶,还是浙商企业的社会服务参与,其行为并不是单纯的财富二次分配行为,而是将资源释放给社会、给民众的行为,这样的行为能积攒声誉,赢得民心,吸引人才,留住资源,从而帮助自己创造更多财富。

以上三个方面的浙江特质表明,一个区域要在高质量发展中推进共同富裕,根本上要走创新创业的路子。共同富裕的本质是通过创新创业去创造财富,如果单纯依靠财富的二次分配和三次分配,只能实现平均富

---

① 由浙商总会公益慈善事业委员会、浙商总会智库中心发布。

裕、同等富裕,而不是普遍意义上的共同富裕。正是由于创业精神激发的活跃市场主体和省外浙商驱动的优质资金回流,浙江能够不断创造新财富,率先突破发展不平衡不充分问题。由于保持长达 30 多年健康、稳定的经济增长,浙江不仅成为省域内居民共同富裕的标杆,还大力帮扶其他省份共同富裕(如养老金结余支援东北部分省份;对口帮扶四川省、贵州省脱贫攻坚等),为中国经济的全面发展、稳步向前做出了重要贡献。

浙江实践的进一步启示是,要全社会鼓励创新创业,尤其是激发社会基层群众的创业热情。浙江之所以在共同富裕道路上走得快一些,就是因为基层群体都具有开拓精神,而不是"等靠要"。只有全社会上上下下都从事创新创业,才能持续创造社会价值,从根本上解决财富来源问题,长远性提高困难家庭的可支配收入,真正解决城乡区域发展不协调、收入分配差距较大等核心问题。而对于政府来说,就要为重点群体搭建良好的创新创业基础设施和平台,支撑全社会创新创业,探索出逐步共富、全民共富、共建共富的路径。

三、创新创业是实现共同富裕的关键动力

通过对浙江实践的分析,可以得到这样一个结论:国家要实现共同富裕,经济发展具有决定性作用。虽然这在浙江和其他东部地区人民群众看来是个常识性的问题,但放在更大范围来看,认知并不一致,甚至有部分个体认为共同富裕应该是"杀富济贫"。这些不同的认知是由社会大众的认知水平、区域发展水平和个体的价值认知等多方面因素决定的。

（一）创业是推进共同富裕的直接动力

古往今来,每个历史时期都有一批杰出商人在创造财富之后,通过奉献社会去促进共同富裕。企业家和企业是推动共同富裕的重要力量,这种力量在不同的历史时期都闪耀着光芒。伟大的企业家和伟大的企业在推动社会共同富裕过程中功不可没,他们以多种形式积极回应国家、社会、民族富裕的需求。

我国是有着共同富裕历史基因的,伟大的企业家和商人都是致力于共同富裕、致力于人民幸福的,如"以德经商"的乔致庸、中国棉纺织领域早期的开拓者张謇等。他们一直心系社会与百姓,政商分立,通过捐赠、办教育等形式,让社会共享企业发展成果,最终成为流芳百世的企业家。习近平总书记就曾赞扬张謇是"中国民营企业家的先贤和楷模"①。从历史维度来看,不管时代如何变迁,为人民谋幸福、为社会谋发展的企业家都是伟大的企业家。只有懂得回馈社会、回馈百姓的企业家,才能成为受人尊敬的企业家。致力于共同富裕是企业家的"向善底色",秉持爱国情怀、创新理念、为民情愫,立足社会公共服务与百姓民生领域,实现自身担当与社会发展的和弦共振,伟大的企业家们为富民强国做出了不可忽视的贡献。

（二）创新是推进共同富裕的第一动力

浙江人民的致富路就是创新创业之路,浙江的创新创业实践史在一

---

① 习近平赞扬张謇:民营企业家的先贤和楷模[EB/OL].（2020-11-13）[2022-05-21]. http://www.xinhuanet.com/politics/leaders/2020-11/13/c_1126734308.htm.

定程度上代表了中国创新创业的经济史。但从高质量发展要求看,浙江仍需要不断提高对科技创新的重视程度。2016 年,浙江省委十三届九次全会明确提出,科技创新是浙江发展的第一短板。在新发展阶段落实新发展理念,需要把创新作为经济社会发展的第一动力,不创新就意味着没有希望。本书的研究团队已经跟踪研究了浙江企业科技创新道路近 30 年,发现浙江人大多是通过生存型创业、制度型创业、社会创业、互联网创业等模式"富起来"的,但这些模式都是从市场机会切入的,很少有企业是从原始技术、核心技术机会窗口切入的。

改革开放 40 多年来,浙江经济从机会驱动、要素驱动、投资驱动到创新驱动,就是一个从不重视科技创新到追求科技创新的过程,而且浙江的科技创新道路理应成为中国特色社会主义制度优越性重要窗口建设的重要组成部分。在国家把创新上升到现代化建设全局中的核心地位的今天,浙江必须认识到,要走科技创新驱动创业的道路,要把基于创新的创业作为浙江高质量发展建设共同富裕示范区的关键动力来抓。

早在 2003 年 7 月,时任浙江省委书记的习近平同志提出"八八战略",其中很重要的一条就是"加快建设先进制造业基地"①。这对浙江产业发展道路提出了新理念。要让浙江产业"凤凰涅槃,腾笼换鸟",就必须依靠科技创新。"八八战略"不仅启动了浙江经济的转型升级,更是启动了浙江人的创新认知。2006 年,浙江又提出建设创新型省份,再次明确浙江必须走创新驱动发展的道路。

那么,当下为什么说要以高质量创新来建设共同富裕示范区呢?其

---

① 习近平.干在实处 走在前列:推进浙江新发展的思考与实践[M].北京:中共中央党校出版社,2006:117.

实,从经济学意义上说,财富是靠创业和奋斗去创造的,仅靠再分配、第三次分配是无法真正实现共同富裕的。分配制度解决的是社会问题,不是财富来源问题。浙江已经走过了要素驱动、资本驱动的发展过程,到了依靠创新来创造财富的阶段。

这里所说的科技创新,不能仅仅停留在模仿创新、引进创新的层面上,而是要走原始创新、集成创新的道路。没有从 0 到 1 的原始创新,没有突破关键核心技术的创新,是不可能从根本上改变浙江经济结构不合理、产业形态严重同质化的问题的。因此,浙江要完成国家"十四五"规划中赋予的高质量发展建设共同富裕示范区的重大任务,有几个关键点要去突破。

首先,要把"企业是创新的主体"这一理念真正落到实处,要想方设法增强企业的技术创新能力。要让企业成为创新主体,就要从政策和制度上推动企业去承担创新的风险和成本。科技创新是一个购买未来期权的过程,长期以来,我国的企业把创新投入视为成本,这是对创新的误读。在制度设计上,要引导企业转变对创新的认知,要引导企业加大对基础研究的投入,鼓励企业依靠核心技术创新来突破高端制造壁垒,打造国际品牌。

其次,要依靠高质量开放创新来构建新发展格局。以美国为首的西方国家对我国进行技术封锁,从历史观看,是国家竞争史的重演。世界是不可能再回到封闭时代的,封闭就意味着落后。我国要做的,是高质量连接国内、国际两个市场的科技通道,形成高水平的开放创新格局。

最后,浙江要下大力气激发科技人才创新活力。创新驱动发展归根到底取决于人才,浙江要按照习近平总书记在中国科学院第二十次院士大会、中国工程院第十五次院士大会、中国科协第十次全国代表大会上讲话的精神，勇于创新科技体制机制，要彻底破除禁锢科技人才活动的体制机制，重构区域创新体系来实现科技人才供给、创新能力供给和创新文化供给。

四、社会创业是推动共同富裕的基础力量

如果说创业是推动国家经济增长、促进就业和改善民生的关键动力，那么社会创业在助力我国高质量发展和共同富裕目标实现上的作用不可估量。社会创业是指个体或组织利用创业的方式来解决社会问题或满足某种社会需求，以创造社会价值。社会创业者是具有社会使命的变革推动者，他们对于所服务的群体有着高度的责任感，不拘泥于手头有限的资源，不断追寻完成社会使命的机会，通过在节能减排、环境保护、食品安全、助残就业、助老敬老等领域的创业活动，解决经济社会发展过程中面临的严峻问题。

社会创业的社会性和创业性特征使其成为推动我国共同富裕的基础力量。具体而言，社会性特征体现在目的和产出上，社会创业具有显著的社会目的和使命，以社会价值而非经济价值来衡量产出；创业性特征体现在创业机会识别和创业者特质上，社会创业者与其他创业者一样，需要在高度不确定性、高度资源约束的环境中感知和识别创业机会，同时需要具备创新性、超前性和风险承担等关键特征。已有研究表明，社会创业的双重性使其将创新与企业家精神结合在一起，创造出了一种持续创造社会

福利的有效机制。① 社会创业不仅鼓励先富起来的群体持续弘扬企业家精神,积极地承担起社会责任,而且能激励基层群体主动提升其创新能力与创业意愿,为共同富裕目标的实现贡献自己的力量。

浙江一直走在以创新创业促进共同富裕的前列,颁布了一系列社会创业支持政策,推动共富型高质量就业创业体系的构建,帮助重点群体提升就业质量,加快实现共同富裕的目标。例如,浙江省抢抓全国实施乡村振兴战略等机遇,通过搭建创业平台、提高创业技能、优化政策保障等措施保障全省农民工返乡创业,至 2019 年已有 7 个县(市、区)被列为全国返乡创业试点,直接带动了乡村就业,推动了乡村经济发展。2022 年 2月,浙江省围绕高校毕业生、省外务工人员、低收入群体、新就业形态劳动者等重点群体的就业创业颁布了支持性政策,尤其鼓励大学生投身于以解决社会问题为目标的创业活动,给予从事家政、养老和现代农业创业的大学生 10 万元创业补贴。

在大力发展面向基层群体的社会创业中,政府扮演的角色固然重要,但单纯依靠政府的力量并非长久之计,以社会创业促进共同富裕这一目标的实现离不开个体、企业和创业生态等多主体之间的协同。在个体层面,需要激发基层群体的创业动机,为基层群体创造创业机会并提升他们的创业能力;在企业层面,需要发挥大型企业在利用现有资源解决社会问题上体现出的效率优势,鼓励大型企业投身于公司社会创业活动,激活基层群体创业,驱动区域协同发展,并利用数字技术赋能共同富裕目标的实现;在创业生态系统层面,需要关注社会创业生态系统对基层群体创业的

---

① Leadbeater C. The Rise of the Social Entrepreneur[M]. London:Demos, 1997.

赋能作用,调动数字经济时代最具创新活力和能力的平台型企业的力量,为经济社会的平衡、协调、包容和可持续发展贡献力量。

为此,本书试图构建以社会创业激活基层创业、促进共同富裕的核心框架,致力于从个体(农民创业)、企业(公司社会创业)和生态(社会创业生态系统构建)层面,系统地揭示如何调动多主体的力量激活金字塔底层(bottom of the pyramid, BOP)群体创业,通过精准创新创业实现"扩中""提低",应对共同富裕挑战,迈向"先富"与"共富"并举的高质量发展道路。

本书具体结构及章节安排如图1-1所示。

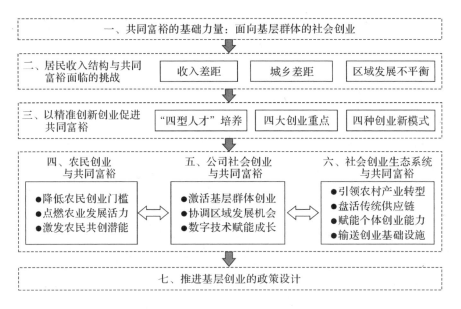

图1-1　本书结构及章节安排

第一章揭示了中国实现共同富裕的历史性挑战,以及浙江建设共同富裕示范区的历史性选择。立足于浙江实践,本章提出创新创业是实现共同富裕的关键动力这一核心观点,尤其是要激发社会基层群众的创业热情,为重点群体搭建良好的创新创业基础设施和平台,以支撑社会价值的可持续创造,从根本上解决贫困问题。

第二章通过对2013—2020年浙江省城乡居民收入的区域比较分析、结构分析、收入阶层分析,以及浙江省劳动力结构变化分析,揭示了浙江省实现共同富裕的瓶颈区域、瓶颈收入阶层,基于历史数据提出了缓解收入差距、城乡差距和区域发展不平衡等问题的对策建议。

第三章基于浙江省到2035年要基本实现共同富裕的目标,提出要进一步聚焦收入群体的差异化特点,瞄准重点群体,以精准创新创业促进共同富裕。为了形成以中等收入群体为主体的橄榄型社会结构,本章建议采用"一个关键要素、四大创业重点、四种发展模式"的新阶段创新创业模式,通过关键人才布局、基础设施搭建、产业政策布局,着力提高重点群体收入,实现"就业—创新—创业"三位一体的全面布局。

第四章在精准创新创业理念的指引下,聚焦于基层群体的主要构成——农民,分析了农民创业的现状、问题与挑战,提出激发农民创业动机、创造农民创业机会、提升农民创业能力是促进农民创业和助力共同富裕的关键。在"土专家""田秀才""燕回巢""农创客"等的带领下,在"平台+""数字+""合作社+"等新业态的助力下,农民成功创业的案例不断涌现,切实改善了基层群体的收入,推进了乡村产业繁荣和共同富裕。

第五章关注到大企业在利用现有资源解决社会问题上的独特优势,提出以公司社会创业促进共同富裕的新路径,即大企业通过识别和发现社会创业机会、用商业化的方式解决社会问题,最终实现创造经济价值和社会价值的双重目标。通过对浙江省"助力共同富裕的民企样本"的分析,本章揭示了公司社会创业在激活 BOP 群体创业、协调区域发展机会和数字技术赋能成长方面起到的作用,探索出如何通过公司社会创业精准赋能基层群体的创业,助力共同富裕。

第六章关注社会创业生态系统对基层群体创业的赋能作用,提出要发挥数字经济时代最具创新活力、最具创新能力的市场主体——平台型企业——的力量,通过构建创业生态系统激励基层群体积极参与创业活动,提升基层人民创业能力。本章识别了打造共赢创业生态的四种模式,即高质量"淘宝村"①模式、"农户 + 公司"合作模式、"平台 + 微粒"赋能模式、互联网企业组团"下乡"模式,揭示出社会创业生态为经济社会发展的平衡性、协调性、包容性和可持续性贡献的力量。

第七章提出了激活基层创业推进共同富裕的政策思路。本章通过对国家层面、浙江省及辖区 11 市的共同富裕政策的梳理,明确了浙江省关于基层群体创业政策供给的基本现状与不足,针对"无潜力、无能力""有潜力、无能力""有潜力、有能力"这三类基层群体提出了政策设计框架。个体和企业是政策落地的着力点,生态系统是政策实施的保障,本章结合我国二元经济结构特点,从激活个体(农民创业)、激活企业(公司社会创业)和优化生态(社会创业生态系统)三大方面提出了政策建议。

---

① "淘宝村"即电子商务专业村。

第二章

居民收入结构与共同富裕面临的挑战

本章通过对 2013—2020 年浙江省各市城乡居民收入情况的区域比较分析、结构分析、收入层次分析,以及浙江省劳动力结构变化分析,揭示浙江省实现共同富裕的瓶颈区域、瓶颈收入阶层,进而针对浙江省城乡居民收入结构和浙江省劳动力的特征,分别提出了与缩小城乡差距、实现共同富裕政策相关的建议。本章客观地呈现了浙江省推动共同富裕所面临的现实挑战,凸显了解决基层群体收入问题的紧迫性,为理解如何以精准创新创业促进共同富裕奠定了基础。

一、浙江省城乡居民收入区域比较分析

(一)浙江省各区域城镇居民收入变化

从收入情况来看,2013—2020 年,衢州、丽水的城镇居民人均可支配收入一直低于全省平均水平,湖州、台州接近全省平均水平,杭州城镇居民人均可支配收入最高,浙江省内市际发展不够均衡。2020 年,尽管衢

州、丽水的城镇居民人均可支配收入分别达到各自历年的最高值 49300 元、48532 元，但仍远低于全省平均水平 61672 元，而杭州城镇居民人均可支配收入达到 68666 元，分别是衢州及丽水的 1.39 倍和 1.41 倍（见表 2-1、图 2-1）。

表 2-1 2013—2020 年浙江省各市城镇居民人均可支配收入变化

单位：元

城市	2013 年	2014 年	2015 年	2016 年	2017 年	2018 年	2019 年	2020 年
杭州市	40925	44632	48316	52185	56276	61172	66068	68666
宁波市	40426	44155	47852	51560	55656	60134	64886	68008
温州市	37266	40510	44026	47785	51866	56097	60957	63481
嘉兴市	38671	42143	45499	48926	53057	57437	61940	64124
湖州市	35750	38959	42238	45794	49934	54393	59028	61743
绍兴市	39567	43167	46747	50305	54445	59049	63935	66694
金华市	36386	39807	43193	46554	50653	54883	59348	61545
衢州市	27981	30583	33212	36188	39577	43126	46933	49300
舟山市	37799	41466	44845	48423	52516	56622	61479	63702
台州市	36480	39763	43266	47162	51374	55705	60351	62598
丽水市	28005	30413	32875	35968	38996	42557	46437	48532
省均值	36296	39600	42915	46441	50395	54652	59215	61672

数据来源：根据各年《浙江省统计年鉴》整理得到。

从增速变化来看，2013—2020 年，浙江省各市城镇居民人均可支配收入的增速不同，但呈现出大致相同的"先快后慢"发展轨迹。2013—2019 年，浙江各区域城镇居民收入呈现快速增长态势，到 2020 年，这种增长趋势被削弱。2019 年开始，杭州、宁波、绍兴三地城镇居民人均可支配收入

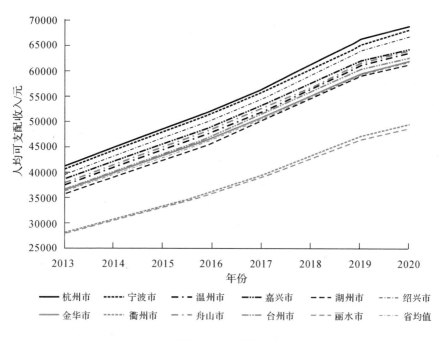

图 2-1　2013—2020 年浙江省各市城镇居民人均可支配收入变化

与其他城市相比,差距明显拉大。2019 年杭州与衢州、丽水的收入绝对值
差额分别为 19135 元、19631 元,对比 2013 年的 12944 元、12920 元,8 年间
高低差距扩大了 48% 和 52% ,也就是说,市际收入差距在持续扩大。

　　浙江各区域城镇发展不平衡,杭州持续深入推进城镇化发展,城镇人
口比重历年居全省第一,人口流入量较大,使得老龄化率降低、青壮年比
例提升,这些都与杭州城镇经济快速发展高度相关;衢州和丽水城镇化水
平一直处于全省低位,且人口外流严重,人才吸引力不足,导致城镇居民
收入长期较低。

（二）浙江省各区域农村居民收入变化

从收入变化来看,2013—2020 年,温州、台州、金华、衢州、丽水的农村居民人均可支配收入一直低于全省平均水平。其中,温州、台州接近全省平均水平,嘉兴农村居民人均可支配收入最高,可见浙江省市际发展不均衡。2020 年,尽管温州、台州、金华、衢州、丽水的农村居民人均可支配收入分别达到各自历年的最高值32428 元、32188 元、30365 元、26290 元、23637 元,但仍低于全省平均水平34325 元。农村居民收入变化最快的是嘉兴市,2020 年,嘉兴农村居民人均可支配收入达到39801 元,分别是温州、台州、金华、衢州、丽水的 1.23 倍、1.24 倍、1.31 倍、1.51 倍、1.68 倍（见表 2-2、图 2-2）。

表 2-2　2013—2020 年浙江省各市农村居民人均可支配收入变化

单位:元

城市	2013 年	2014 年	2015 年	2016 年	2017 年	2018 年	2019 年	2020 年
杭州市	21208	23555	25719	27908	30397	33193	36255	38700
宁波市	21879	24283	26469	28572	30871	33633	36632	39132
温州市	17549	19394	21235	22985	25154	27478	30211	32428
嘉兴市	22396	24676	26838	28997	31436	34279	37413	39801
湖州市	20257	22404	24410	26508	28999	31767	34803	37244
绍兴市	21307	23539	25648	27744	30331	33097	36120	38696
金华市	16661	18544	20297	21896	23922	26218	28511	30365
衢州市	13811	15354	16884	18421	20225	22255	24426	26290
舟山市	21401	23783	25903	28308	30791	33812	36784	39096
台州市	17523	19362	21225	23164	25369	27631	30221	32188

续表

城市	2013 年	2014 年	2015 年	2016 年	2017 年	2018 年	2019 年	2020 年
丽水市	12171	13635	15000	16459	18072	19922	21931	23637
省均值	18742	20775	22693	24633	26870	29390	32119	34325

数据来源:根据各年《浙江省统计年鉴》整理得到。

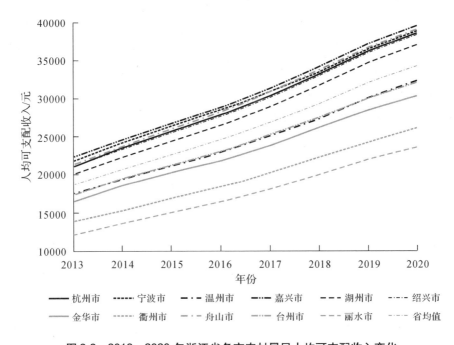

图 2-2　2013—2020 年浙江省各市农村居民人均可支配收入变化

2013—2020 年,嘉兴、宁波、舟山、杭州、绍兴、湖州的农村居民人均可
支配收入高于全省平均水平。2020 年,这六个区域分别高于全省平均水
平 15.95%、14.00%、13.90%、12.75%、12.73%。温州、台州和金华虽然
近年来发展速度较快,温州连续 8 年在浙江省全体居民人均可支配收入
各市排名中排在第五位,但是农民收入水平不高。2020 年,衢州、丽水两

个区域农村居民人均可支配收入分别比全省平均水平低 23.41% 和
31.14%。2013—2020 年，嘉兴农村居民人均可支配收入连续 8 年居全省
第一，农民收入水平有所上升，但上升幅度不大。从发展轨迹上看，浙江
各区域都呈现了持续上升的发展轨迹。

浙江省各区域农村发展不平衡，其中嘉兴通过扩大内需、消费升级全
面推动乡村振兴，农业农村现代化发展也取得长足进步，致使农民获得更
多收入。同时，温州、台州、金华、衢州、丽水农业投入不足，第二产业和第
三产业发展落后，非农收入低等都是农民收入增长缓慢的主要原因。

（三）浙江省各区域全体居民收入变化

从收入变化来看，浙江省各区域全体居民人均可支配收入变动轨迹
与全省大体一致，一直保持稳步上升趋势。2013—2020 年，丽水、衢州全
体居民人均可支配收入一直远低于全省平均水平；金华、湖州、台州最接
近全省平均水平；杭州全体居民人均可支配收入最高。市际发展不均衡。
2020 年，尽管衢州、丽水全体居民人均可支配收入分别达到各自历年最高
值 37935 元和 37744 元，但仍远低于全省平均水平 51969 元。2020 年，杭
州全体居民人均可支配收入达到 61879 元，分别是衢州、丽水的 1.63 倍和
1.64 倍(见表 2-3、图 2-3)。

表 2-3　2013—2020 年浙江省各市全体居民人均可支配收入变化

单位:元

城市	2013 年	2014 年	2015 年	2016 年	2017 年	2018 年	2019 年	2020 年
杭州市	35763	39237	42642	46116	49832	54348	59261	61879
宁波市	34657	38074	41373	44641	48233	52402	56982	59952

续表

城市	2013 年	2014 年	2015 年	2016 年	2017 年	2018 年	2019 年	2020 年
温州市	30602	33478	36459	39601	43185	46920	51490	54025
嘉兴市	31315	34318	37139	40118	43507	47380	51615	54667
湖州市	28717	31510	34251	37193	40702	44487	48673	51800
绍兴市	32191	35335	38389	41506	45306	49389	53839	56600
金华市	28673	31599	34378	37159	40629	44326	48155	50580
衢州市	20342	22436	24460	26745	29378	32269	35412	37935
舟山市	32027	35330	38254	41564	45195	49217	53568	55830
台州市	28215	30950	33788	36915	40439	43973	47988	50643
丽水市	20418	22426	24402	26757	29329	32245	35450	37744
省均值	29356	32245	35049	38029	41430	45178	49312	51969

数据来源:根据各年《浙江省统计年鉴》整理得到。

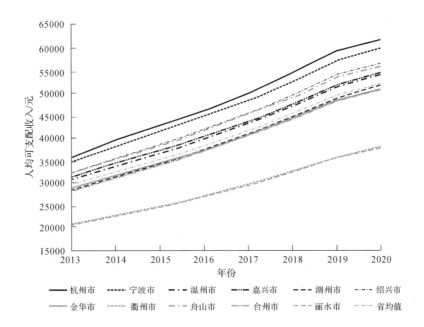

图 2-3　2013—2020 年浙江省各市全体居民人均可支配收入变化

浙江省各区域发展不平衡,其中杭州产业结构呈现"三二一"格局,尤其是"十三五"期间,杭州大力建设以信息经济为引领、现代服务业为主导、先进制造业为支撑、都市现代农业为基础的现代产业新体系,使得第三产业增加值大幅增长,第一产业和第二产业增加值依然持续增长,而衢州和丽水两地的第二、第三产业都明显落后于杭州、宁波、嘉兴、绍兴,导致居民收入水平长期处在低位。

（四）浙江省各区域城乡居民收入差距

为了进一步分析2013—2020年浙江省各区域城乡居民收入差距,笔者将收入差距分为绝对差距和相对差距。其中,城乡绝对收入差距用城镇居民收入与农村居民收入之差来表示;城乡相对收入差距用城乡居民收入之比来表示。在此基础上,本节考察了全省各区域城乡收入差距(包括绝对差距、相对差距)变化的时间、空间趋势特征,分析了全省区域空间上的城乡居民收入差距变迁过程。

1.传统视角下的演化过程

绝对差距。从统计数据中可以看出,舟山、嘉兴、丽水、湖州、衢州的城乡居民收入的绝对差距在2013—2020年一直低于全省平均水平,但仍大体呈现出扩大的变动轨迹。舟山、嘉兴、丽水、湖州、衢州的城乡居民收入差距分别从2013年的16398元、16275元、15834元、15493元、14170元,增加到了2020年的24606元、24323元、24895元、24499元、23010元,分别拉大了50%、49%、57%、58%、62%,增幅高于收入增长速度,这说明上述5个区域在人均可支配收入增长的同时,城乡居民的收入差距拉大了(见表2-4、图2-4)。

表2-4　2013—2020 年浙江省各市城乡居民人均可支配收入绝对差距变化

单位:元

城市	2013 年	2014 年	2015 年	2016 年	2017 年	2018 年	2019 年	2020 年
杭州市	19717	21077	22597	24277	25879	27979	29813	29966
宁波市	18547	19872	21383	22988	24785	26501	28254	28876
温州市	19717	21116	22791	24800	26712	28619	30746	31053
嘉兴市	16275	17467	18661	19929	21621	23158	24527	24323
湖州市	15493	16555	17828	19286	20935	22626	24225	24499
绍兴市	18260	19628	21099	22561	24114	25952	27815	27998
金华市	19725	21263	22896	24658	26731	28665	30837	31180
衢州市	14170	15229	16328	17767	19352	20871	22507	23010
舟山市	16398	17683	18942	20115	21725	22810	24695	24606
台州市	18957	20401	22041	23998	26005	28074	30130	30410
丽水市	15834	16778	17875	19509	20924	22635	24506	24895
省均值	17554	18824	20222	21808	23526	25263	27096	27347

注:此处城乡居民收入绝对差距用城乡居民收入差来衡量,即用城镇居民人均可支配收入与农村居民人均可支配收入之差来表示。

2013 年以来,浙江城乡居民收入差距呈现出长期扩大的趋势,且这种趋势一直延续到2020 年才有所缓解。2020 年城乡居民收入绝对差距缩小是因为这一年是脱贫攻坚收官之年,政策上给村镇农民带来了利好。因此,浙江省各区域必须坚持统筹城乡发展,让城乡居民共享改革发展成果,进而缩小城乡居民收入差距。

相对差距。从城乡居民收入相对差距来看,2013 年以来,浙江省各区域城乡居民收入差距变化总体上可以分为三个阶段(见表2-5、图2-5)。

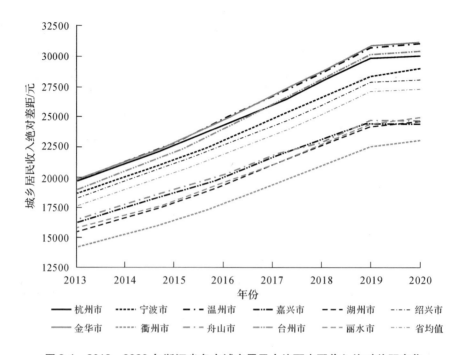

图 2-4　2013—2020 年浙江省各市城乡居民人均可支配收入绝对差距变化

表 2-5　2013—2020 年浙江省各市城乡居民人均可支配收入相对差距变化

城市	2013 年	2014 年	2015 年	2016 年	2017 年	2018 年	2019 年	2020 年
杭州市	1.930	1.895	1.879	1.870	1.851	1.843	1.822	1.774
宁波市	1.848	1.818	1.808	1.805	1.803	1.788	1.771	1.738
温州市	2.124	2.089	2.073	2.079	2.062	2.042	2.018	1.958
嘉兴市	1.727	1.708	1.695	1.687	1.688	1.676	1.656	1.611
湖州市	1.765	1.739	1.730	1.728	1.722	1.712	1.696	1.658
绍兴市	1.857	1.834	1.823	1.813	1.795	1.784	1.770	1.724
金华市	2.184	2.147	2.128	2.126	2.117	2.093	2.082	2.027
衢州市	2.026	1.992	1.967	1.964	1.957	1.938	1.921	1.875
舟山市	1.766	1.744	1.731	1.711	1.706	1.675	1.671	1.629

续表

城市	2013 年	2014 年	2015 年	2016 年	2017 年	2018 年	2019 年	2020 年
台州市	2.082	2.054	2.038	2.036	2.025	2.016	1.997	1.945
丽水市	2.301	2.231	2.192	2.185	2.158	2.136	2.117	2.053
省均值	1.964	1.932	1.915	1.909	1.899	1.882	1.866	1.817

注:此处城乡居民收入相对差距用城乡居民收入比来衡量,即用城镇居民人均可支配收入与农村居民人均可支配收入之比来表示。

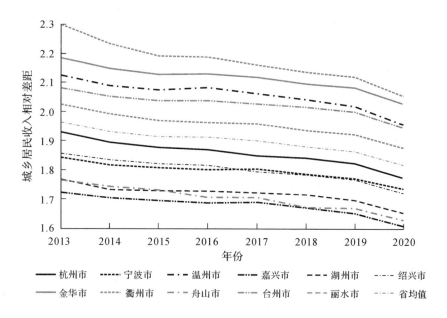

图 2-5　2013—2020 年浙江省各市城乡居民人均可支配收入相对差距变化

第一阶段:2013—2015 年。城乡居民收入差距迅速缩小,一直呈现缩小趋势。浙江省 2015 年城乡居民收入绝对差距均值为 20222 元,较 2013 年增长 15.20%;城乡居民收入相对差距的均值为 1.915,较 2013 年下降 2.49%。这段时期内,城镇居民收入的增长速度是农村居民的 90%,使得这一阶段成为城乡居民收入相对差距缩小最快的阶段。

第二阶段：2016—2019 年。城乡收入差距呈现平稳缩小的发展态势。2019 年城乡居民收入绝对差距的均值为 27096 元，较 2015 年增长 33.99%；城乡居民收入相对差距的均值为 1.866，较 2015 年下降 2.56%。这一阶段农村居民收入增速高于城镇居民收入，城乡居民收入差距有小幅的、稳定的缩小。

第三阶段：2020 年。城乡居民收入差距再次迅速缩小。2020 年城乡居民收入绝对差距的均值为 27347 元，较 2019 年增长 0.93%；城乡居民收入相对差距的均值为 1.817，较 2019 年下降 2.63%。2020 年城乡居民收入相对差距下降幅度约为 2019 年的 3 倍，城乡居民相对收入差距进一步缩小。

总体来看，2013 年以来，尽管城乡居民收入相对差距有所缩小，但整体上城乡收入比仍在 2 左右的高位运行。要进一步缩小城乡居民相对收入差距，需要通过政策和市场两个方面来提高乡村居民的收入水平。

2. 区域空间上的变迁过程

2013—2020 年，浙江省各区域的城乡居民收入差距具有如下特征。

绝对差距。在城乡居民收入绝对差距方面，从时间序列整体来看，除嘉兴外，各区域城乡居民收入绝对差距呈现持续扩大态势，城乡居民收入差距明显增大。2013 年，金华城乡居民收入绝对差距最大，为 19725 元。2020 年，金华城乡居民收入绝对差距仍最大，达 31180 元。从 2019 年开始，温州、金华、台州城乡居民收入绝对差距都超过 3 万元，杭州接近 3 万元。

相对差距。城乡居民收入相对差距方面，一是各市城乡居民收入比变化存在差异。2013 年以来,浙江省各区域城乡居民收入比一直保持下降趋势;其中,丽水城乡居民收入比的下降速度最快。二是多数市城乡居民收入比始终低于全省平均水平。2020 年,城乡居民收入比高于全省平均值(1.82)的是温州、金华、衢州、台州、丽水,分别为 1.958、2.027、1.875、1.945、2.053(最高);其余 6 市均低于全省平均值,其中,嘉兴市最低,为 1.611。三是从城乡居民收入差距关注的重点区域来看,2013—2020 年整体呈现出稳定的趋势。这一阶段,浙江省城乡居民收入差距较大的区域为丽水、金华、温州、台州。

(五)浙江省实现共同富裕的瓶颈区域

从统计数据可得:一是浙江省各区域 2020 年最高人均可支配收入与最低人均可支配收入之差的绝对数额为 24135 元,是 2013 年的 1.57 倍;二是 2020 年城乡居民收入差距的绝对数额从 2013 年的 17554 元增加到 27347 元,增加了近 60%,高于城乡居民各自收入的增长额度。这说明浙江省各区域及其城乡居民的贫富程度仍存在很大差距。

1.从区域比较分析角度

以 2020 年浙江省各市人均可支配收入为基数,2014—2020 年浙江省各市人均可支配收入平均增速为标准,计算得到 2025 年浙江省各市人均可支配收入的预测值,如表 2-6 所示。从表中可以看出,衢州、丽水是浙江省实现共同富裕的瓶颈区域。

表 2-6　2025 年浙江省各市人均可支配收入预测

单位:元

城市	人均可支配收入	城市	人均可支配收入
杭州市	91594.17	金华市	75905.13
宁波市	88711.51	衢州市	59216.82
温州市	81118.92	舟山市	83090.74
嘉兴市	81409.07	台州市	76938.19
湖州市	78962.96	丽水市	58555.66
绍兴市	84734.99		

2. 从各区域城乡之间的角度

本节选择差值法基尼系数对浙江省城乡居民收入差距进行度量,其公式为:

$$G_{ur} = |p_i - y_i|$$

$$p_i = \frac{P_i}{\sum_{i=1}^{n} P_i}$$

$$y_i = \frac{Y_i}{\sum_{i=1}^{n} Y_i}$$

其中:p_i 指各收入阶层人口占总人口的比重,y_i 指各收入阶层收入占总收入的比重。G_{ur} 代表城乡收入差距的基尼系数,当 $G_{ur} = 1$ 时,表明城乡居民收入绝对不平等;当 $G_{ur} = 0$ 时,表明城乡居民收入完全平等。

从基尼系数来看,浙江省整体贫富差距较大,2020 年浙江省基尼系数均值为 0.50,远远超过日本的平均基尼系数 0.25,城乡收入差距过大是当前浙江省亟须解决的主要矛盾之一。虽然杭州、宁波、舟山、温州、绍兴的基尼系数一直低于全省平均水平,但是 2020 年浙江省内基尼系数最低的杭州市的基尼系数仍然达到 0.277,城乡居民收入差距较大(见表 2-7、图 2-6)。

表 2-7　2013—2020 年浙江省各市城乡基尼系数

城市	2013 年	2014 年	2015 年	2016 年	2017 年	2018 年	2019 年	2020 年
杭州市	0.395	0.386	0.380	0.370	0.361	0.322	0.289	0.277
宁波市	0.477	0.457	0.446	0.436	0.430	0.391	0.364	0.354
温州市	0.548	0.538	0.528	0.517	0.504	0.489	0.467	0.453
嘉兴市	0.664	0.636	0.616	0.591	0.575	0.526	0.493	0.460
湖州市	0.685	0.662	0.641	0.626	0.607	0.582	0.562	0.536
绍兴市	0.619	0.601	0.586	0.569	0.547	0.516	0.487	0.468
金华市	0.647	0.627	0.611	0.596	0.580	0.571	0.556	0.535
衢州市	0.899	0.873	0.856	0.816	0.790	0.780	0.755	0.724
舟山市	0.522	0.511	0.503	0.490	0.483	0.449	0.436	0.422
台州市	0.712	0.690	0.678	0.665	0.648	0.656	0.641	0.616
丽水市	0.834	0.804	0.783	0.764	0.733	0.720	0.698	0.668
省均值	0.637	0.617	0.602	0.585	0.569	0.546	0.522	0.501

浙江省各区域的基尼系数变动轨迹与全省趋同,都呈现出持续下降的趋势。从图 2-6 中可以看出,除杭州、宁波外,浙江省其他区域的基尼系数从 2013 年到 2020 年始终超过国际公认的 0.4 的贫富差距警戒线,即使到 2020 年全省居民收入基尼系数连续第 8 年下降,其数值仍然高达 0.501,说明浙江省贫富差距问题依然存在。

以 2020 年浙江省各市城乡基尼系数为基数,2014—2020 年浙江省各市城乡基尼系数平均增速为标准,计算得到 2025 年浙江省各市城乡基尼系数预测值,如表 2-8 所示。从表 2-8 中可以看出,衢州、丽水将是浙江省实现共同富裕的瓶颈区域。

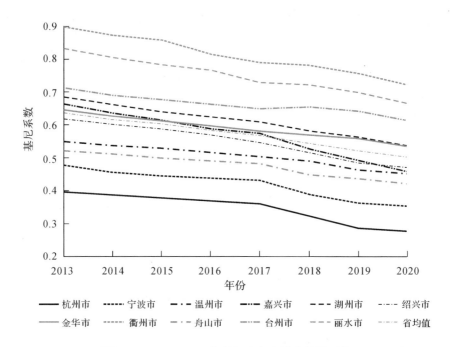

图 2-6　2013—2020 年浙江省各市城乡基尼系数

表 2-8　2025 年浙江省各市城乡基尼系数预测

城市	基尼系数	城市	基尼系数
杭州市	0.210	金华市	0.469
宁波市	0.287	衢州市	0.619
温州市	0.393	舟山市	0.360
嘉兴市	0.352	台州市	0.561
湖州市	0.449	丽水市	0.572
绍兴市	0.381		

综上，本节通过对 2013—2020 年浙江省城乡居民收入的相关数据的统计分析，不仅全面地展示了浙江省城乡居民收入差距的演变过程，而且

进一步挖掘出了浙江省实现共同富裕的两个瓶颈区域。

二、浙江省城乡居民收入结构分析

为了深入考察浙江省城乡居民收入差距,本章不局限于分析城乡之间的绝对差距和相对差距,而是进一步分析了城乡居民收入构成的变化趋势。根据《中国统计年鉴》,城乡居民收入可以细分为工资性收入、经营净收入、财产净收入和转移净收入。工资性收入指就业人员通过各种途径得到的全部劳动报酬和各种福利,包括受雇于单位或个人,从事各种自由职业、兼职和零星劳动得到的全部劳动报酬和福利;经营净收入指住户或住户成员从事生产经营活动所获得的净收入,是全部经营收入中扣除经营费用、生产性固定资产折旧和生产税之后得到的净收入;财产净收入指住户或住户成员将其所拥有的金融资产、住房等非金融资产和自然资源交由其他机构单位、住户或个人支配而获得的回报并扣除相关的费用之后得到的净收入;转移净收入指转移性收入(国家、单位、社会团体对住户的各种经常性转移支付和住户之间的经常性收入转移)减去转移性支出(调查户对国家、单位、住户或个人的经常性或义务性转移支付)的差额。本节对四种类型的收入进行统计分析,试图寻求缩小城乡居民收入差距的有效途径。

（一）浙江省城镇居民收入变化

2014 年以来,浙江省城镇居民收入来源构成发生了明显变化。从表2-9 中可以看出,这种变化主要有以下几个特点。

表 2-9　2014—2020 年浙江省城镇居民人均可支配收入结构

年份	工资性收入/元	经营净收入/元	财产净收入/元	转移净收入/元	工资性收入占比/%	经营净收入占比/%	财产净收入占比/%	转移净收入占比/%	工资性收入增速/%	经营净收入增速/%	财产净收入增速/%	转移净收入增速/%
2014	23317.3	6379.4	5358.3	5337.7	57.73	15.79	13.27	13.21	—	—	—	—
2015	24947.7	6645.6	6048.3	6072.8	57.07	15.20	13.84	13.89	6.99	4.17	12.88	13.77
2016	26655.9	7126.0	6381.1	7074.2	56.43	15.09	13.51	14.98	6.85	7.23	5.50	16.49
2017	28817.7	7668.7	6911.3	7863.1	56.22	14.96	13.48	15.34	8.11	7.62	8.31	11.15
2018	31148.0	8316.1	7586.4	8523.9	56.05	14.96	13.65	15.34	8.09	8.44	9.77	8.40
2019	33663.0	9115.4	8201.9	9202.0	55.94	15.15	13.63	15.29	8.07	9.61	8.11	7.96
2020	35369.6	8672.1	8747.5	9910.1	56.41	13.83	13.95	15.81	5.07	-4.86	6.65	7.70

数据来源：根据各年《中国统计年鉴》整理得到。

第一，工资性收入一直是城镇居民收入来源的主体。从绝对量看，其由 2014 年的人均 23317.3 元逐年递增至 2020 年的 35369.6 元，7 年间增长了 51.69%，年均增长 7.38%；从相对量看，它占城镇居民可支配收入的 55% 以上，但其比重总体上呈下降趋势（从 2014 年的 57.73% 下降到 2020 年的 56.41%）。2010—2013 年，浙江省城镇居民收入来源比较单一，工资性收入所占比重相当高。2014 年以来，浙江省城镇居民收入来源不断拓宽，经营净收入和财产净收入比重逐步上升，工资性收入所占比重呈下降趋势，但其仍是浙江省城镇居民收入的主要来源。

第二，城镇居民可支配收入中居于第二位的是转移净收入。从绝对量看，转移净收入从 2014 年的人均 5337.7 元增长至 2020 年的 9910.1 元，7 年间增长了 85.66%，年均增长 12.23%。与工资性收入不同的是，其相对水平（占可支配收入的比重）呈上升趋势：2014—2020 年，转移净收入占比从 13.21% 逐步上升到 15.81%。转移净收入之所以波动幅度较大，主要与政府在社会保障和社会福利救济等方面的投入有关。

第三，经营净收入在城镇居民可支配收入中的比重不高。其绝对量在 2014 年到 2020 年的 7 年间保持相对稳定，从 2014 年的人均 6379.4 元增长至 2020 年的 8672.1 元，7 年间上涨了 35.94%，年均增长 5.13%。2014—2020 年，经营净收入占比在 15.09% 上下徘徊，但总体呈现下降趋势。经营净收入之所以保持相对稳定，原因在于政府出台了一系列发展非公经济的优惠政策，特别是对下岗、失业人员从事非公经济给予更大的优惠，促进了城镇个体私营经济的快速发展。

第四，财产净收入的绝对量呈现上升状态。由 2014 年的人均 5358.3 元增长至 2020 年的 8747.5 元，7 年间增长了 63.25%，年均增长 9.04%。

在此期间,财产净收入在城镇居民人均总收入中的比重有升有降,但总体上保持相对稳定。

进一步来看 2014—2020 年浙江省城镇居民人均可支配收入结构的变化情况。图 2-7 是绝对数的变动,图 2-8 是相对数的变动。从两幅图中可以看出,城镇居民主要收入来源还是工资性收入,经营净收入和财产净收入比重偏低,且 2014 年以后增速不大。要解决城镇居民的收入结构问题,要在经营净收入、财产净收入上下功夫。

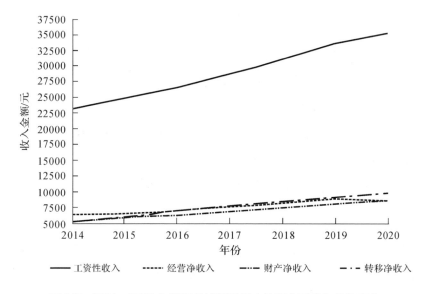

图 2-7　2014—2020 年浙江省城镇居民人均可支配收入结构变化

以 2020 年浙江省城镇居民收入结构为基数,2014—2020 年浙江省城镇居民收入结构平均增速为标准,计算得到浙江省城镇居民 2025 年收入结构预测值,如表 2-10 所示。可以看出,随着经济发展水平的不断提高,各种来源的收入在城镇居民可支配收入中的重要性也在悄然变化:工资性收入虽然仍是城镇居民的主要收入来源,但它占总收入的比重正逐年下降;财产净

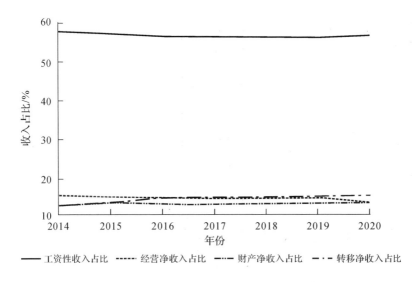

图 2-8　2014—2020 年浙江省城镇居民人均可支配收入结构占比变化

收入无论是绝对量还是相对量都有较大提高,且日益成为城镇居民可支配
收入的重要来源之一;经营净收入、转移净收入的绝对量在逐年提高。

表 2-10　2025 年浙江省城镇居民人均可支配收入结构预测

收入类型	收入数值/元	收入占比/%
工资性收入	50065.17	54.93
经营净收入	11263.34	12.36
财产净收入	13175.67	14.46
转移净收入	16632.47	18.25

(二)浙江省农村居民收入变化

与 2014 年农村居民人均可支配收入的结构相比,由表 2-11、图 2-9 和
图 2-10 可以看出,我国农村居民收入结构发生了许多变化。

表 2-11 2014—2020 年浙江省农村居民人均可支配收入结构

年份	工资性收入/元	经营净收入/元	财产净收入/元	转移净收入/元	工资性收入占比/%	经营净收入占比/%	财产净收入占比/%	转移净收入占比/%	工资性收入增速/%	经营净收入增速/%	财产净收入增速/%	转移净收入增速/%
2014	11772.5	5236.7	542.8	1821.2	60.77	27.03	2.80	9.40	—	—	—	—
2015	13086.9	5364.3	607.9	2065.9	61.95	25.39	2.88	9.78	11.17	2.44	11.99	13.44
2016	14202.3	5621.9	661.8	2378.1	62.12	24.59	2.89	10.40	8.52	4.80	8.87	15.11
2017	15457.1	6112.2	717.8	2668.6	61.94	24.49	2.88	10.69	8.84	8.72	8.46	12.22
2018	16898.4	6677.0	784.1	2942.9	61.89	24.46	2.87	10.78	9.32	9.24	9.24	10.28
2019	18479.6	7296.5	851.8	3248.0	61.85	24.42	2.85	10.87	9.36	9.28	8.63	10.37
2020	19509.7	7600.0	949.2	3871.0	61.10	23.80	2.97	12.12	5.57	4.16	11.43	19.18

数据来源：根据各年《中国统计年鉴》整理得到。

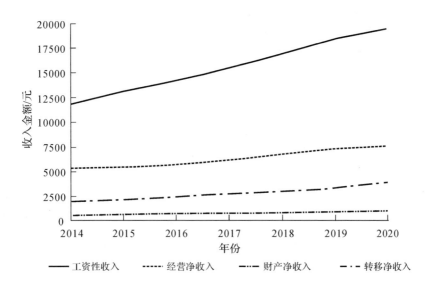

图 2-9 2014—2020 年浙江省农村居民人均可支配收入结构变化

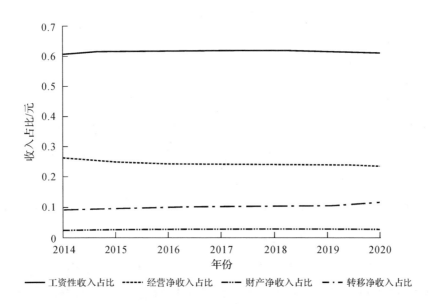

图 2-10 2014—2020 年浙江省农村居民人均可支配收入结构占比变化

第一，工资性收入是农民收入的主要来源，在农村居民人均可支配收入中占主导地位。从绝对量看，由2014年的人均11772.5元逐年递增至2020年的19509.7元，7年间增长了65.72%，年均增长9.39%；从相对量看，工资性收入占比从2014年的60.77%上升到2020年的61.10%，一直占农村居民人均可支配收入的60%以上，是其最主要的收入来源。

第二，经营净收入是农民收入的重要来源之一，而且是农民增收的主要来源。从绝对量看，经营净收入从2014年的人均5236.7元增长至2020年的7600.0元，7年间增长了45.13%，年均增长6.45%；与工资性收入的上升趋势不同的是，从2014年开始，其相对水平由27.03%逐年下降至2020年的23.80%。

第三，财产净收入的绝对量保持相对稳定。其绝对量由2014年的人均542.8元逐年增长至2020年的949.2元，7年间增长了74.87%，年均增长10.70%。财产净收入在农村居民人均可支配收入中的比重仍然基本稳定，自2014年以来一直在2%—3%。

第四，转移净收入2014年以来增长较快，所占比重有所提高。农村居民的转移净收入无论是从绝对量上还是相对量上都无法与城镇居民相比。从绝对量上看，2014年农村居民的转移净收入在人均2000元以下，从2014年到2020年的7年间增长了112.55%，年均增长16.08%；从相对量上看，它在农村居民人均可支配收入中的比重呈上升态势，从2014年的9.40%上升至2020年的12.12%。

以2020年浙江省农村居民人均可支配收入结构为基数，2014—2020年浙江省农村居民人均可支配收入结构平均增速为标准，计算得到2025年浙江省农村居民人均可支配收入结构的预测值，如表2-12所示。从表

2-12中可以看出,随着经济发展水平的不断提高,各种来源的收入在城镇居民可支配收入中的重要性也在悄然变化:工资性收入仍是农村居民的主要收入来源,且它在总收入中的比重上升;财产净收入、转移净收入无论是绝对量还是相对量都有所提高;经营净收入的绝对量在逐年提高。

表2-12　2025年浙江省农村居民人均可支配收入结构预测

收入类型	收入数值/元	收入占比/%
工资性收入	29738.94	60.81
经营净收入	10383.21	21.23
财产净收入	1512.86	3.09
转移净收入	7269.39	14.87

(三)浙江省全体居民收入变化

从表2-13、图2-11和图2-12中可以看出,2014—2020年,浙江全体居民收入来源构成变化不大。

第一,工资性收入一直是全体居民收入来源的主体。从绝对量看,由2014年的人均19068.8元逐年递增至2020年的30059.4元,7年间增长了57.63%,年均增长8.23%;从相对量看,由2014年的58.39%逐年递减至2020年的57.37%。

第二,经营净收入是农民收入的重要来源之一。从绝对量看,经营净收入从2014年的人均5958.9元增长至2020年的8313.3元,7年间增长了39.50%,年均增长5.64%;从2014年开始,其相对水平由18.25%逐年递减至2020年的15.87%。

表 2-13 2014—2020 年浙江省全体居民人均可支配收入结构

年份	工资性收入/元	经营净收入/元	财产净收入/元	转移净收入/元	工资性收入占比/%	经营净收入占比/%	财产净收入占比/%	转移净收入占比/%	工资性收入增速/%	经营净收入增速/%	财产净收入增速/%	转移净收入增速/%
2014	19068.8	5958.9	3586.2	4043.6	58.39	18.25	10.98	12.38	—	—	—	—
2015	20654.1	6181.8	4078.9	4622.3	58.12	17.40	11.48	13.01	8.31	3.74	13.75	14.29
2016	22206.7	6588.6	4337.5	5396.2	57.64	17.10	11.26	14.01	7.52	6.58	6.33	16.75
2017	24137.3	7123.4	4741.6	6043.4	57.41	16.94	11.28	14.37	8.69	8.10	9.34	11.99
2018	26241.6	7751.7	5244.2	6602.3	57.25	16.91	11.44	14.40	8.72	8.83	10.59	9.25
2019	28511.0	8498.2	5707.9	7181.7	57.14	17.03	11.44	14.39	8.65	9.62	8.85	8.79
2020	30059.4	8313.3	6136.5	7888.1	57.37	15.87	11.71	15.05	5.43	-2.18	7.50	9.83

数据来源：根据各年《中国统计年鉴》整理得到。

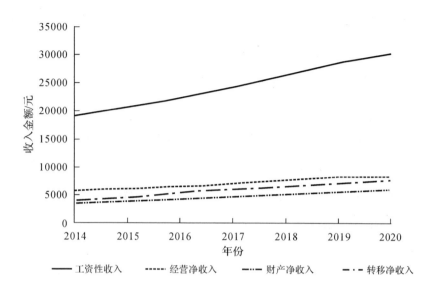

图 2-11　2014—2020 年浙江省全体居民人均可支配收入结构变化

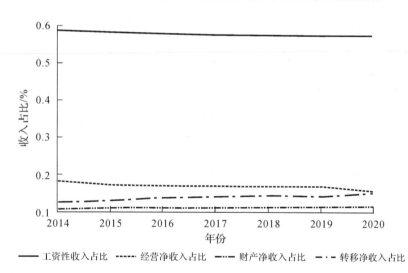

图 2-12　2014—2020 年浙江省全体居民人均可支配收入结构占比变化

第三,财产净收入的绝对额保持相对稳定。其绝对量由 2014 年的人均 3586.2 元逐年增长至 2020 年的 6136.5 元,7 年间增长了 71.11%,年均增长 10.16%。其在全体居民人均可支配收入中的比重仍然稳定在 11% 左右。

第四,转移净收入自 2014 年以来增长较快,所占比重有所提高。从绝对量看,2016 年以前,全体居民的人均转移净收入都在 5000 元以下,从 2014 年到 2020 年的 7 年间增长了 95.08%,年均增长 13.58%;从相对量上看,它在全体居民人均可支配收入中的比重呈上升态势,从 2014 年的 12.38% 上升至 2020 年的 15.05%。

以 2020 年浙江省全体居民收入结构为基数,2015—2020 年浙江省全体居民年收入结构平均增速为标准,计算得到 2025 年浙江省全体居民年收入结构的预测值,如表 2-14 所示。从表 2-14 中可以看出,随着经济发展水平的不断提高,各种来源的收入在全体居民可支配收入中的重要性也在悄然变化:工资性收入虽然仍是全体居民的主要收入来源,但占总收入的比重在下降;财产净收入、转移净收入无论是绝对量还是相对量都有所提高;经营净收入的绝对量在逐年提高。

表 2-14　2025 年浙江省居民人均可支配收入结构预测

收入类型	收入数值/元	收入占比/%
工资性收入	43934.93	56.08
经营净收入	11012.06	14.05
财产净收入	9611.40	12.27
转移净收入	13787.42	17.60

（四）浙江省全体居民收入集中率与贡献率变化

为了找出城乡收入差距的形成根源，本节对城乡各项收入源进行分析。由于上文已经采用"差值法"计算城乡基尼系数，因此此处城乡基尼系数的分解公式为：

$$G_{ur} = \sum_{j=1}^{m} (u_j \times c_j)$$

其中：G_{ur} 是城乡收入的基尼系数；u_j 是第 i 项收入在城乡收入中的比例；c_j 是第 j 项收入的集中率，反映分项收入在城乡居民之间分配的平均程度。

因此，第 j 项收入的分配对城乡收入分配的不均等程度的贡献率可以表示为：

$$e_j = u_j \times \frac{c_j}{G_{ur}}$$

由表 2-15、图 2-13 可知，浙江省居民工资性收入集中率最高；除个别年份外，转移净收入的集中率次之；经营净收入、财产净收入集中率的波动相对较小。以上数据说明，四项收入中，工资性收入和转移净收入在城乡居民间的分配较不平均。

表 2-15　2014—2020 年浙江省居民各分项收入的集中率

年份	工资性收入	经营净收入	财产净收入	转移净收入
2014	0.064984	− 0.453660	− 0.484927	− 0.485558
2015	0.044020	− 0.470995	− 0.487803	− 0.487113
2016	0.021840	− 0.485048	− 0.504382	− 0.486393
2017	0.005401	− 0.497607	− 0.515621	− 0.492984
2018	− 0.020506	− 0.518584	− 0.534503	− 0.514051
2019	− 0.042377	− 0.534323	− 0.552630	− 0.532587
2020	− 0.046956	− 0.556489	− 0.555050	− 0.532862

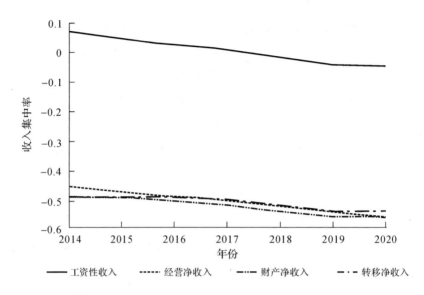

图 2-13 2014—2020 年浙江省居民各分项收入集中率变化

由表 2-16、图 2-14 可知,城乡居民四项收入来源中,工资性收入对城乡收入差距的贡献率最高,其次是财产净收入,转移净收入和经营净收入的贡献率最低。

表 2-16 2014—2020 年浙江省居民各分项收入的贡献率

年份	工资性收入	经营净收入	财产净收入	转移净收入
2014	0.079	− 0.151	− 0.135	− 0.135
2015	0.054	− 0.154	− 0.145	− 0.145
2016	0.027	− 0.161	− 0.15	− 0.161
2017	0.007	− 0.168	− 0.157	− 0.171
2018	− 0.027	− 0.184	− 0.173	− 0.187
2019	− 0.058	− 0.200	− 0.186	− 0.201
2020	− 0.067	− 0.194	− 0.195	− 0.212

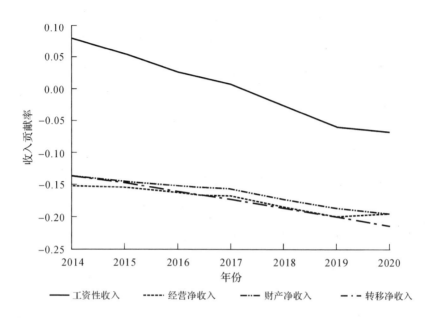

图 2-14　2014—2020 年浙江省居民各分项收入贡献率变化

通过上面的计算分析,可以得出以下结论。

第一,工资性收入在城镇居民人均可支配收入中的平均增长相对较慢,但在农村居民人均可支配收入中的占比增长相对较快。预计到 2025年,工资性收入在城乡居民人均可支配收入中的比重分别从 2010 年的60.77%、51.51%调整为 54.93%、60.81%。工资性收入在农村居民收入中的比重越来越大,工资性收入结构优化对缩小城乡收入差距具有显著效应。此外,工资性收入的集中率和贡献率最高。因此,努力提高农村居民的工资性收入可能是缩小城乡居民收入差距的一个有效途径。

第二,经营净收入是农民收入的重要来源之一,但其在城镇居民可支配收入中的比重不高。农村居民该项收入的增长速度(6%)低于城镇居民(9%),而且,其比重呈逐年下降趋势,预计 2025 年其比重接近

21.23%，而同时期该项收入在城镇居民可支配收入中的占比约为12%。2014—2020年，经营净收入对城乡居民总体收入差距的贡献率始终为负，也就是说它对缩小城乡居民收入差距作用有限。但考虑到2025年浙江省全体居民的经营净收入占比将会低于转移净收入占比，所以统筹城乡规划、共同提高城乡居民的经营净收入，有助于促进共同富裕。

第三，转移净收入在城乡居民人均可支配收入中所占比重不是很大，但其在城镇居民与农村居民之间的分配相对不平均，从表2-9、表2-11中可以看出，城镇居民该项收入的平均水平高于农村居民。预计到2025年，城镇居民转移净收入占比在18.25%左右，农村居民转移净收入占比约为14.87%。因此，前期政策可以倾向于通过增加各种直接补贴来扩大对农村居民的转移性收入比重，这是缩小城乡居民收入差距的重要措施。

第四，财产净收入在城镇居民收入中的比重大于其在农村居民收入中的比重。城镇居民的财产净收入和农村居民的财产净收入差距也日益扩大，预计到2025年，城乡居民的财产净收入占比分别为14.46%和3.09%。从图2-15中可以看出，除工资性收入外，财产净收入的贡献率最高。这是因为城镇居民比农村居民拥有价值高得多的房产、金融资产和耐用消费品。因此，只有出台相关惠农政策提高农民的存量财产，才能减少财产性收入差距在二次收入分配时给缩小收入差距造成的障碍。

综上，本节分析了城乡居民收入四类构成部分的变化趋势，发现浙江全体居民各项收入来源对城乡收入差距扩大的贡献率各不相同。本节还总结出缩小城乡差距、实现共同富裕的政策落脚点。

三、浙江省城乡居民收入阶层分析

为深入分析浙江省城乡居民代际收入流动特点,找到浙江省实现共同富裕的瓶颈收入阶层,本节基于收入转移矩阵进行代际收入流动性分析,根据父辈和子辈收入的绝对数值大小,将父辈和子辈的收入由高至低分为五组,利用收入转换矩阵法对不同收入阶层的城乡居民代际收入流动性进行分析。收入转换矩阵的形式如下:

$$M = \begin{bmatrix} p_{1,1} & p_{1,2} & \cdots & p_{1,m} \\ p_{2,1} & p_{2,2} & \cdots & p_{2,m} \\ p_{3,1} & p_{3,2} & \cdots & p_{3,m} \\ \vdots & \vdots & \vdots & \vdots \\ p_{m,1} & p_{m,2} & p_{m,3} & \cdots \end{bmatrix} \in R^{m \times m}$$

其中,收入转移矩阵 $M = [p_{i,j}(x,y)]$ 中的每个元素表示父辈处于第 i 收入组的人,其子辈位于第 j 收入组的概率。

由表2-17可以发现,各个收入阶层的城乡居民代际收入流动性存在较明显的差异。对于整体样本而言,收入分配五分位底部的居民,其子女大约有1/3仍然处于收入分配的最底端,约有44.44%的子女仍居于最低和次低收入组,没有子女能够上升至顶层。而最高收入组群居民的子女大约有2/3持续处在收入顶端。父辈收入处于中等水平的组群,其子辈向上流动的趋势略弱于向下流动的趋势。

表 2-17　2010—2018 年浙江省居民的代际收入转换矩阵

年份	区间	0%—20%	20%—40%	40%—60%	60%—80%	80%—100%
2018	0%—20%	0.318	0.300	0.200	0.238	0.000
	20%—40%	0.227	0.300	0.200	0.143	0.095
	40%—60%	0.182	0.200	0.350	0.190	0.048
	60%—80%	0.136	0.200	0.200	0.333	0.143
	80%—100%	0.091	0.100	0.050	0.286	0.476
2016	0%—20%	0.300	0.227	0.176	0.316	0.000
	20%—40%	0.300	0.273	0.353	0.211	0.000
	40%—60%	0.250	0.091	0.294	0.158	0.111
	60%—80%	0.100	0.182	0.176	0.316	0.222
	80%—100%	0.050	0.091	0.118	0.000	0.722
2014	0%—20%	0.207	0.138	0.400	0.143	0.103
	20%—40%	0.345	0.034	0.200	0.143	0.276
	40%—60%	0.276	0.241	0.300	0.000	0.207
	60%—80%	0.103	0.172	0.167	0.321	0.207
	80%—100%	0.276	0.207	0.100	0.214	0.207
2012	0%—20%	0.344	0.200	0.200	0.167	0.138
	20%—40%	0.094	0.333	0.233	0.200	0.138
	40%—60%	0.125	0.300	0.167	0.233	0.172
	60%—80%	0.188	0.167	0.133	0.200	0.310
	80%—100%	0.219	0.200	0.067	0.200	0.276
2010	0%—20%	0.542	0.375	0.000	0.091	0.000
	20%—40%	0.167	0.208	0.348	0.136	0.174
	40%—60%	0.208	0.167	0.348	0.273	0.000
	60%—80%	0.083	0.208	0.217	0.182	0.261
	80%—100%	0.000	0.083	0.087	0.273	0.565

注：从工资收入的角度看，行是父辈的总收入等分，列是子辈的工资收入等分。

数据来源：根据各年中国家庭追踪调查（CFPS）数据整理得到。

总体而言,中等以上收入阶层固化性较强;中低收入阶层一直在中等及中等以下收入阶层上下流动;低收入阶层表现出较强的向上流动性,但这种流动具有局限性。因此,低收入阶层和中低收入阶层是浙江省实现共同富裕的瓶颈收入阶层。

综上,本节分析了 2010 年以来浙江省的代际收入转移矩阵,展示了浙江省城乡居民代际收入流动的特点,进一步挖掘出浙江省实现共同富裕的瓶颈收入阶层。

四、浙江省劳动力结构变化分析

通过对浙江省劳动力结构变动趋势的分析,本书旨在全面了解浙江省劳动力结构的演化过程、变化特征,为未来政策制定找到劳动力结构层面的着力点。

(一)浙江省劳动年龄人口变化

从国家统计局发布的数据来看,按照 15—64 岁这个口径,浙江省劳动年龄人口占比在 2010—2012 年一直保持上升态势,在 2012 年达到峰值,随后就快速下降,从 2012 年的 78.91% 降低到 2019 年的 72.91%。2020 年劳动年龄人口占比稍有回升,达到 73.29%。近些年来,总体劳动年龄人口占比呈现下降趋势:一方面可能是因为之前执行计划生育政策带来的影响;另一方面可能是因为浙江房价大幅上涨,增加了人们的生活成本,降低了其对人才的吸引力。直到 2020 年,该比值稍有回升(见表2-18)。

表 2-18　2010—2020 年浙江省劳动年龄人口占比

年份	0—14 岁 人数/人	15—64 岁 人数/人	65 岁及以上 人数/人	劳动年龄人口 占比/%	劳动年龄人口 增长率/%
2010	7189075	42156141	5081675	77.45	—
2011	6923529	43282353	4704706	78.82	1.77
2012	6784597	43397112	4811071	78.91	0.12
2013	6590024	43534063	5077859	78.86	−0.06
2014	6650852	43327251	5321168	78.35	−0.65
2015	7163290	42057161	6248710	75.82	−3.23
2016	7243728	42197133	6510155	75.42	−0.53
2017	6879854	42587379	7053398	75.35	−0.09
2018	7854878	42054878	7448780	73.32	−2.69
2019	7602564	42456410	8171795	72.91	−0.56
2020	8681781	47319458	8566349	73.29	0.52

数据来源：根据各年《国家统计年鉴》整理得到。

由表 2-18 可知，浙江省 2011—2020 年劳动年龄人口平均增长率为 −0.54%。针对这种劳动力特征，可以通过提升劳动生产率、推动女性人口就业来降低其对地区生产总值的影响。

（二）浙江省劳动年龄人口内部年龄结构变化

从表 2-19 中可以看出浙江省在 2010—2020 年的劳动人口内部年龄结构变化。18—34 岁"黄金"年龄组的人口比重下降较快，从 2010 年的 23.90% 下降到 2020 年的 19.76%。35—59 岁组大龄劳动力的人口比重相对保持在 40% 左右的高位，从 2010 年的 42.19% 下降到 2020 年的 39.65%。

表 2-19　2010—2020 年浙江省劳动年龄人口内部年龄结构

年份	17 岁及以下人数/人	17 岁及以下占比/%	18—34 岁人数/人	18—34 岁占比/%	35—59 岁人数/人	35—59 岁占比/%	60 岁及以上人数/人	60 岁及以上占比/%
2010	8193020	17.26	11346873	23.90	20031560	42.19	7908088	16.66
2011	8111784	16.97	11294662	23.62	20149430	42.14	8257256	17.27
2012	8085767	16.85	11200334	23.34	20122168	41.93	8585167	17.89
2013	8020655	16.62	11099444	22.99	20134114	41.71	9014733	18.68
2014	8062318	16.59	10959374	22.55	20076916	41.32	9493163	19.54
2015	7980240	16.38	10890000	22.35	19937849	40.91	9925300	20.37
2016	8146220	16.59	10686586	21.76	19914197	40.55	10361460	21.10
2017	8408336	16.96	10389354	20.96	19947643	40.24	10830952	21.85
2018	8551382	17.10	10219193	20.44	19999151	40.00	11228634	22.46
2019	8673378	17.21	10102097	20.05	20087785	39.87	11525862	22.87
2020	8701957	17.17	10016698	19.76	20096105	39.65	11875236	23.43

数据来源:根据各年《浙江省统计年鉴》整理得到。

2010 年以来,浙江省年轻劳动年龄人口占比快速下降,而大龄劳动年龄人口占比却依然保持高位,劳动年龄人口呈现老龄化特征。一旦新成长劳动力减少,劳动力素质的改善速度也就会放慢。大幅提高 35—59 岁组劳动力参与率是最为有效的降低其对地区生产总值的影响的方式。

（三）浙江省劳动力流动规模变化

劳动力流动是指劳动力为了最大化体现自身价值所做出的变动,包括地区之间的变动、产业之间的变动等。劳动力流动是高效率的资源再

社会创业：共同富裕的基础力量

配置过程,不仅有利于流入地的经济发展,而且有利于扩大中等收入群体,促进共同富裕。

2010—2020 年,浙江省劳动力流入占比变化大致可以分为三个阶段:2010—2013 年,劳动力流入人数缓慢上升,从 20284120 人增长到 22529200 人,增加约 11.07%,劳动力流入比重从 37.38% 上升到 41.23%;2013—2016 年,劳动力流入呈现快速下降态势,劳动流入人数从 22529200 人减少到 17513740 人,劳动力流入比重从 41.23% 下降到 31.37%;2016—2020 年,劳动力流入逐年递增,劳动力流入人数从 17513740 人增加到 30288470 人,增加了约 72.94%,劳动力流入比重从 31.37% 上升到 47.27%(见表 2-20)。

表 2-20   2010—2020 年浙江省劳动力流入情况

年份	人口数/人	住本乡户口本乡/人	户口外乡离开半年/人	住本乡户口待定/人	户口本乡住境外/人	流入人口/人	流入人口占比/%
2010	54426891	33976850	19900863	383252	165926	20284120	37.38
2011	54910588	32710588	21537647	367058	296470	21904710	40.11
2012	54993983	33060168	21116726	318892	498195	21435620	39.33
2013	55201946	32107055	22262773	266423	564477	22529200	41.23
2014	55300486	33189781	21672749	192214	245742	21864960	39.71
2015	55469225	35709806	19268516	218129	272710	19486650	35.30
2016	55951015	38310633	17326164	187574	126643	17513740	31.37
2017	56520631	38115291	17889563	297330	218446	18186890	32.30
2018	57358536	36569512	20185365	235365	367073	20420730	35.83
2019	58230769	36469230	21129487	180769	451282	21310260	36.88
2020	64567588	33789547	30107815	180655	489571	30288470	47.27

数据来源:根据各年《中国统计年鉴》整理得到。

再来看浙江省劳动力流入中跨省流动的变动(见表 2-21)。2012—2018 年,浙江省劳动力流入中跨省占比有升有降,但大体呈现出快速下降的态势。这说明,2012 年之后浙江省劳动力流入更多是源于省内流动。

表 2-21 2010—2020 年浙江省劳动力流入内部变化情况

年份	跨省流动/人	其他流动/人	跨省占比/%
2011	10930	12933	45.80
2012	21412	4040	84.13
2013	29501	33024	47.18
2014	30741	34424	47.17
2015	30708	34650	46.98
2016	29970	44464	40.26
2017	21737	24923	46.59
2018	9129	25468	26.39

数据来源:根据各年中国流动人口动态监测调查数据整理得到。

2010 年以来,浙江省劳动力跨省流动占比呈下降态势,直接导致资源重新配置空间缩小。针对劳动力流动特征,浙江应适当降低生活成本,加大对人才的吸引力。

(四)浙江省劳动力受教育程度变化

2010—2019 年,浙江劳动力人口受教育程度大幅提高。其中,受过大学专科、大学本科教育的比例在持续上升,但受过高等教育的劳动力人口比重仍然偏低。波动幅度最小的是受教育程度为研究生的人数占比,仅从 2010 年的 0.4%上升到 2019 年的 1.4%;其次是未上过学的人数占比,

10 年间仅下降了 2 个百分点。从表 2-22 中可以发现,尽管受过大学教育的劳动力人口增长较快,但其所占比重依然较低,到 2019 年才占到总人口的 30.6%。

表 2-22　2010—2019 年浙江省劳动力受教育程度

单位:%

年份	未上过学	小学	初中	高中	中等职业教育	高等职业教育	大学专科	大学本科	研究生
2010	3.5	25.3	44.7	14.9	—	—	6.5	4.6	0.4
2011	1.8	20.6	45.9	15.8	—	—	9.1	6.4	0.5
2012	2.3	20.4	43.2	16.5	—	—	9.4	7.7	0.6
2013	2.4	19.4	41.9	17.1	—	—	10.9	7.7	0.6
2014	1.9	20.1	39.5	17.0	—	—	11.8	9.2	0.5
2015	2.7	16.5	37.6	13.7	3.5	1.3	12.4	11.5	0.8
2016	2.1	16.0	38.2	13.4	3.7	1.4	12.4	11.8	1.0
2017	1.8	15.0	37.2	14.1	4.1	1.3	12.6	12.9	1.0
2018	1.7	15.2	35.5	14.5	4.4	1.2	13.4	13.1	0.9
2019	1.5	14.9	34.2	18.8	—	—	15.5	13.7	1.4

资料来源:各年《中国人口和就业统计年鉴》、中国家庭追踪调查(CFPS)数据、中国流动人口动态监测调查数据(CMDS)。

注:2015 年之后统计数据增加了中等职业教育和高等职业教育的分类,其中 2019 年对受教育程度分类再次进行了合并调整,中等职业教育归于高中一类,高等职业教育归于大学专科一类。

劳动力素质提高是 GDP 增长的重要推动力,需要努力完善教育和培训体系,提升劳动力的质量,提升劳动力供给效率,以缓解数量下行的压力。

综上,本节通过对 2010 年以来浙江省劳动力相关的统计数据的分析,不仅全面地展示了浙江省劳动力结构的演化过程和变化特征,也揭示了各种特征变化的影响,并进一步提出可采取的措施。

贫富不均、老龄化等诸多社会问题的解决仅仅依靠政府的努力是远远不够的,需要充分调动城乡居民的主观能动性。本书所提出的以精准创新创业促进共同富裕,就是主张从个体、组织和生态系统层面探讨如何通过农民创业、公司社会创业和社会创业生态系统发挥基础力量,促进共同富裕目标的实现。

第三章

以精准创新创业促进共同富裕

　　浙江省到 2035 年要基本实现共同富裕,就必须率先实现基本形成以中等收入群体为主体的橄榄型社会结构的目标。橄榄型社会结构是现代化国家稳定的重要标志,也是促进社会全面发展的重要基础。对于橄榄型社会结构,浙江已有明确定义,即可支配收入呈现"10—80—10"占比结构分布,高收入群体(家庭年可支配收入超过 50 万元)和低收入群体(年可支配收入不到 10 万元)各占约 10%,中等收入群体(家庭年可支配收入10 万—50 万元)占比为 80%。可见,形成橄榄型社会需要着力扩大中等收入群体规模,这一群体规模的扩大在一定程度上具有"稳定器"的功能,可以有效防止贫富差距扩大和收入两极分化。

　　基于该目标,本章认为,要进一步聚焦收入群体的差异化特点,瞄准重点群体,围绕精准创新创业发布一系列政策和措施,高效推进"扩中""提低"改革,力争通过"递进"实现共同富裕,在继续保持先富人群积极性、创造性的同时,加快低收入人群进入中等或更高收入阵营的步伐,逐步缩小贫富差距,加快打造收入分配制度改革试验区。本章主要围绕以精准创新创业促进浙江共同富裕示范区建设、在创业中谋共富的模式设计,以及助力精准创新创业的对策建议这三部分内容展开,为理解如何激活基层群体、提升基层群体的创新创业能力以助力共同富裕目标的实现提供了支撑。

一、以精准创新创业促进浙江共同富裕示范区建设

以浙江为例,根据收入水平将橄榄型社会的群体分为五大类(见图3-1),要构建橄榄型社会,需要重点关注三类群体:第一类、第二类与第五类。第一类群体是年可支配收入低于10万元的家庭(占比10%),主要包括困难家庭、低能家庭、失能失独家庭等,这类群体的基本生活存在一定困难,未能自给自足,极度依赖政府补贴,相关政策要以扶持其生存为主要导向。第二类群体是年可支配收入在10万—20万元的家庭(占比40%),主要包括体力劳动者、产业工人阶层、农民阶层等,这类群体是各行业的从业主体,相关政策要以提升其就业能力为主要导向。第三类群体是年可支配收入在20万—50万元的家庭(占比40%),主要包括灰领、白领知识型员工、小微企业主等。第四类群体是年可支配收入在50万—60万元的家庭(占比5%),主要包括工程师、教师、公务员、小企业主等。第五类群体是年可支配收入超过60万元的家庭(占比5%),相关政策要以激发其创新创业潜力为主要导向,让第五类群体通过科技创新、技术创新为社会创造更大财富。

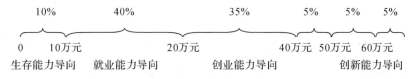

图3-1 橄榄型社会的界定

先富带动后富的核心是在继续保持先富人群财富创造动力的同时，大幅提升后富群体的财富创造能力，并着力缩小群体间收入差距。因此本书认为，需要通过"共性＋专项"的公共政策工具箱，针对共性问题创新完善普惠性政策，针对重点群体制定专题性增收激励方案，通过创新创业政策措施大幅减少第一类群体、稳定第二类群体并激活第五类群体。未来5年，浙江要精准实施"就业—创新—创业"三位一体的全面布局，针对重点群体，抓好就业能力培训、创新能力提升、社会创业促进三个方面的工作。

（一）针对以生存为导向的群体

对第一类以生存为导向的群体，要以社会创业和金字塔底层创业为抓手，帮扶低能力、低收入群体基本解决其生存问题，并大幅提升其生存能力。在浙江，年可支配收入在10万元以下的家庭以百万计，是实现共同富裕的瓶颈收入阶层。这部分群体又可分为有劳动能力和无劳动能力两类。对于无劳动能力的群体，国家通过转移支付(医疗、养老、最低生活保障)和基本公共服务、社会福利等调节手段来保障其收入。对于有劳动能力的基层群体，政府需要特别关注，通过社会创新、金字塔底层创业等市场化模式，大力帮助其开展社会创业实践。

对此，政府应从以下几个方面布局：一是制定鼓励和支持社会创业、金字塔底层创业的专门政策。对这类创业实施免税政策，鼓励城乡基层群众中的能人创业，以市场化模式带动有劳动能力的低收入群体创业。二是政府购买就业岗位。当前经济发达地区对劳动力的需求很迫切，农村困难家庭、欠发达乡镇与经济相对落后地区通过向经济发达地区输送劳动力即可创造财富。经过前期调研,本书研究团队发现,欠发达地区不少老龄化群体已出现失能现象,但技能与能力尚可以培养。因此,政府可通过购买服务(重点向劳务派遣企业、家庭服务业企业、物业管理服务企业、养老服务机构等购买公益性岗位)安排零就业家庭、低保家庭或有劳动能力的残疾人完成就业。三是实施就业创业促进工程。以"创业援助"帮助低收入群体就业创业,对城乡低收入群体从事个体经营、兴办私营企业等实行零收费。搭建供求双方对接的平台。四是教育医疗普惠型创业。大力度支持远程医疗、线上教育、送医下乡、城乡医院对口帮扶等领域的社会创业,不仅能为低收入群体提供就业机会,还能为基层群体中的老人提供医疗服务,为孩子提供教育服务。

(二)针对以就业为导向的群体

对第二类以就业为导向的群体,要以终身就业能力培养为抓手,政策上全面保障 10 万—20 万元收入群体的就业机会,不断加强并夯实其可持续就业技能。第二类群体是整个社会实现共同富裕的主体力量,包括技能型产业工人和服务型员工、以体力劳动者为代表的农民阶层等。这部分群体不但数量庞大,而且至关重要,发展得好就可进入 20 万元以上群体,发展不好就会滑落到 10 万元以下群体。要稳定好该群体,必须大力加强终身职业技能培训,使其具备可持续的就业技能,甚至拥有一定的自主创业能力。

对此,政府应从以下几个方面布局:一是加强制造业产业工人的就业技能培养。构建有效的就业技能培养体系;制定开放合理的职业教育办学资质规定、推动企业响应职业教育的激励性政策,落实政府职业教育补贴（补偿）政策，充分发挥企业、职业院校、社会组织等在"一专多能"应用型人才培养过程中的积极性。二是为从事生活服务业的群体开展职业技能培训。完善终身职业技能培训体系；建设高等职业学校的实习培训基地；开展精准对接的就业培训，帮助制造业产业员工转型就业。三是推进农村劳动力的劳动技能和创业技能培训。建议各乡镇围绕数字化情境和区域产业需求，探索"培训券"制度，组织各类"订单式""嵌入式"劳动技能和创业技能培训；授人以鱼不如授人以渔，鼓励和发挥"自下而上"的能人带动效应，让农村欠发达乡镇的能人继续发挥能人带动作用，采取相应帮扶措施培养农村困难家庭与经济相对落后地区人群的技能与能力，通过"山海协作"缩小城乡收入与发展差距；以"成片式创业"发挥农村地区独特的资源优势与特色农业优势，带动整个农村欠发达乡镇的经济实现高质量发展。

（三）针对以创新创业为导向的群体

对第五类群体，要以创新型创业能力培养为抓手，大力推动该群体的科技创业，以创新激发财富创造的活力与动力。政府要提供创新创业基础设施，鼓励、赋能其积极从事以科技创新和数字创新为基础的创业活动。浙江省当前创业氛围虽浓，但更多停留在模仿创新、引进创新层面，突破关键核心技术的科技创新不足，从0到1的原始创新、集成创新更是缺乏。创新驱动发展归根到底取决于人才，浙江要补足共同富裕的"短板"，必须依靠第五类群体，激发其创新活力，通过科技创新、数字创新等优化浙江产业结构，推动经济相对落后地区的创业发展，并为中低收入群体创造就业和发展机会，从而实现乡村振兴与城乡区域协调发展。

对此,政府应从以下几个方面布局:一是以更大魄力更加精准地引进人才。支持人才国际化发展;加大青年人才引进、支持力度;大力建设集引进人才、服务人才、赋能人才、引领人才等功能于一体的人才创新创业服务平台;实现省市县创新创业人才的网络化全覆盖。二是优化政策环境,激发本土人才创新创业积极性。坚定不移地发展民营经济,夯实企业家队伍;继续加大高素质人才队伍建设力度;优化民营经济发展的政策环境,支持和鼓励科研人员兼职创新、在职或离岗创办企业,推动更多创新人才带专利、项目、团队创业,培育更多科技型企业家。三是勇于创新科技体制机制。彻底破除禁锢科技人才活动的体制机制,重构区域创新体系来实现科技人才供给、创新能力供给和创新文化供给;高校科研机构要改革学术治理体系,营造科学精神和科学家精神,特别是高校要成为科学家精神的回归之地。

二、传承浙江精神,在创业中谋共富

浙江之所以被选取作为共同富裕示范区,离不开四大要点:浓厚的创业精神与文化、全球化分布的创业主体、超前的市场化意识、产业集群化的乡村经济模式。2006 年 2 月 5 日,时任浙江省委书记的习近平同志把浙江精神总结为"求真务实、诚信和谐、开放图强"①。正是这十二个字的精神坐标,让浙江老百姓通过能人带动、乡村振兴等多种方式实现全民创业,创造了巨大的物质财富和精神财富。在未来的规划发展中,我们不能

---

① 习近平. 与时俱进的浙江精神[J]. 哲学研究,2006(4):3-8.

忘记浙江精神，它是浙江的"根"和"魂"，是推动浙江发展进步的"精神支柱"，是浙江人民在千百年来的接续奋斗发展中孕育出来的宝贵财富。

为了更好地传承浙江精神，高效实现"扩中""提低"，全面谋求人民共同富裕，本章建议采用"一个关键要素、四大创业重点、四种发展模式"的新阶段创新创业模式，通过关键人才布局、基础设施搭建、产业政策布局，着力提高重点群体收入规模，实现"就业—创新—创业"三位一体的全面布局。

（一）带动创新创业的"四型人才"

大力培养人才这一关键要素，组建四支新阶段城乡创业能人队伍，有效带动创新创业。

第一，"土专家"型能人。这方面能人常年在农业生产经营一线，拥有某一方面的专业技术才能，在本地有较高的专业知名度和群众认可度。通过利用他们在农业养殖、传统工匠等方面的应用技能，不仅推进了农业产业发展，而且带动了周边农户增收。

第二，"田秀才"型能人。这方面能人年纪轻、学历高、思维新，通常是年轻大学生或经营性人才，对待这部分能人要具备"不求所在、不求所住、不求所有、但求带动"的思路，积极鼓励他们"到农村创业去"，利用数字网络技术助力乡村产品商业模式创新。

第三，"燕回巢"型能人。这方面能人曾外出工作，具备一定的创业经验，因情系家乡现返乡创业，政府需大力提升其在特定领域的创业素质和能力。通过对他们进行精准的创业培训，使其可以在养殖种植、农家乐、农业加工等领域有所作为,从而带动当地百姓致富。

第四,"农创客"型能人。这方面的能人怀揣生态农业梦想且擅长企业经营管理,善于发现农村创新创业中的新机会,如城市科技人员、高新技术企业家等。他们可以利用数字技术在教育、医疗、大健康等领域进行商业模式创新,解决城乡区域在医疗、教育、健康等方面的供需不平衡问题,既能服务城乡均衡发展,又能走出高质量的创业道路。更重要的是,政府要针对上述人才制定一系列聚焦农村领域、欠发达地区的创新创业优惠政策。

(二)推进包容性创新创业的四大重点

推进包容性创新创业有以下四大重点。

第一,大力推动农产品领域的创新创业,鼓励农业资源"走出去"。利用互联网平台开拓本土农产品的国内、国际市场;做好农产品信息的网上发布工作;引导农户在国内专业电商平台上开店销售,深度开发农产品国内市场的网上销售。

第二,大力推动农村互联网教育服务的创新创业,实现教育资源远程共享。鼓励多层次、全方位的互联网教育服务创业实践,解决发展不均衡不充分问题;支持为农村学龄儿童提供优质基础教育资源的线上平台创业项目;为返乡大学生和务工农民创业提供专业的创业培训;为边缘化农村能人提供再创业服务,帮助其重启创业。

第三,大力发展农村互联网医疗服务的创新创业,搭建医疗资源绿色通道。借助数字基础设施的便捷性,将优质医疗资源"远程输送"到乡村地区;通过成熟的数字基础设施与知名公立医院共建医联体;医疗服务企业与农户合作开展医疗养老服务,借助政策红利搭建养老基础设施。

第四,大力发展新型乡村休闲旅游服务的创新创业,高效利用当地生态资源。鼓励企业打造主题鲜明的乡村旅游特色精品工程,鼓励开发特色旅游、新型旅游业态,支持企业积极发展强特色、新业态、优服务的乡村休闲旅游服务。其中,普惠式教育和医疗的创新创业是解决共同富裕的根本对策,只有通过数字技术推动教育模式、教育手段的根本创新,才能让农村困难家庭与欠发达地区的儿童共享城市优质教育资源。要鼓励人才研发各种创新技术、搭建各类创新平台,通过高科技方式提升欠发达地区的教育水平、医疗水平,将市场延伸到农村,推进城乡一体化发展。

(三)推进基层群体创新创业的四种模式

推进基层群体创新创业有以下四种模式。

第一,打造高质量"淘宝村",全面助推农村电商转型升级。鼓励企业全面优化现有"淘宝村"模式,强把质量关,助推农村电商转型升级,以高质量为运营核心,念好"增收致富经"。同时,通过在当地成立行业协会、设立规章制度等对小作坊进行统一管理,规范农村个体创业行为,减少由产品质量隐患给"淘宝村"带来的负面影响。

第二,建立新型"农户＋公司"合作模式,构建小农户与大市场的紧密联合体,即由农户投入劳动力和土地,公司投入技术和资金,进行市场推广。这一模式中,公司通过设定统一要求和生产标准,对产品流通实现集约化、标准化、规模化、高效化管理,完善利益分配机制,通过为合作农户提供一系列相关服务,将重资产的后端环节委托外包,让农户收益最大化。

第三,搭建"平台 + 微粒"模式,实现农户与平台企业的协同发展。与主流新媒体构建战略合作关系,培养不同特色的"网红部队",让广大农村创业者凭一部手机网上创业、网上直播卖货,解决农副产品的销售难题。

第四,引导互联网企业组团"下乡",结合技术与人才优势开拓农村市场。例如通过人工智能语音设备降低农作物自然损害率等,让乡村地区的关键创业群体拥抱数字基础设施,为乡村发展装上技术加速器。

三、关于精准创新创业的对策建议

为保证精准创新创业模式顺利落地,政府应配套实施相应政策。

建议一:成立专门领导小组,完善政策体制。由相关部门牵头推进该创新创业模式落地,联合制定有关新阶段重点群体能人创业、互联网企业下农村再创业的支持政策,利用财政、金融、用地、人才扶持等多方面政策提高创新创业模式的可实现性。

建议二:向重点群体提供精准的创新创业培训。针对各地产业发展定位开设各具特色的培训机构,培养农村创新创业所需的技能型和应用型人才。例如,统一实施新阶段创业人才的培养培训计划,加强对重点群体的职业教育和技能培训,提高其科技文化素质,完善就业支持政策,使重点群体在本地能有较多就业机会,促进重点群体的稳定就业。

建议三:向创新创业企业提供相关政策支持。鼓励龙头平台企业、新型农业经营主体"到农村创业去",并制定相应配套支持性政策。例如,大力提高税收政策和融资政策的支持配比,加大对科技创新企业的支持力度,加强科技人才队伍建设,等等。

建议四:配套数字基础设施,激活欠发达地区创新创业模式。在农村地区、欠发达地区搭建完善的数字技术基础设施,改变并创新农业经营模式,延伸产业链条,增加农产品收益,提升农产品附加值,建立在线销售的产销机制,持续拓展重点群体的经营性收入空间。同时,加快数字技术在乡村旅游、农村电商、农村物流等新业态方面的场景应用,以新业态发展驱动重点群体收入增长。

建议五:建立重点群体人才库,促进人才资源开发。建立和完善人才市场信息库是新阶段创新创业模式有效运行的关键。建议在欠发达地区[如各乡镇(街道)和全部村(社区)]建立重点群体人才资源分配市场,让重点群体人才得到市场化评价,构建富有竞争力的人才薪酬体系。同时,大规模建设人才安居住房,提供财政补助,建立更加优质的人才服务体系。

第四章

农民创业与共同富裕

党的十八大以来,党中央采取有力措施改善民生,打赢了脱贫攻坚战,全面建成小康社会,为共同富裕创造了良好条件。要实现第二个百年奋斗目标,必须把促进全体人民共同富裕作为为人民谋幸福的着力点,致力于不断增加农民收入,缩小城乡收入差距,体现社会主义公平发展的本质,夯实实现共同富裕目标的基础。2022年2月,浙江省委召开高质量发展建设共同富裕示范区推进大会,提出要聚焦缩小"三大差距"、促进社会公平,推动发展型制度政策加快向共富型跃升转变,并将"扩中""提低"作为2022年要打造的标志性成果之一。国家发展和改革委员会原副秘书长范恒山认为,低收入群体增收是缩小"三大差距"的关键。①

BOP群体是处于社会经济基层的最庞大且人均收入最低的群体,这一群体主要位于发展中国家或新兴国家的农村地区。因此,促进共同富裕,切实有效提升低收入群体收入,最艰巨、最繁重的任务仍然在农村。创业是促进经济发展的重要力量。随着我国乡村振兴战略的实施和深

---

① 章忻.以"提低"为抓手扎实推动共同富裕——访国家发展和改革委员会原副秘书长范恒山[N].浙江日报,2022-03-28(6).

化,我国各地兴起了"大众创业、万众创新"热潮,全民创业和共同富裕的
号角吹响,越来越多的农民加入创业大军。全国各地有关部门把农村创
业创新作为重大战略任务进行谋划实施,创业环境不断优化,创业型经济
正逐步发展成为我国农村区域经济社会发展的重要推进力量,家庭农场、
种养大户、农民合作社、农业企业和农产品加工流通企业等农村新型经营
主体不断涌现,"新农民"、新业态不断涌现,市场机会开始下沉,例如电
商、自媒体创业、快递驿站、本地跑腿代办中心、本地外卖平台等,农民创
业迎来了蓬勃发展的新生机。成功的创业对增加农民收入、缩小城乡收
入差距、实现城乡发展一体化等发挥着积极作用。但是,并非所有的农民
创业活动均能取得成功,仍有不少农民面临创业失败的问题。本章主要
围绕农民创业的特点、现状及困境,农民创业助力共同富裕的三种模式,
以及以农民创业促进共同富裕的对策建议这三部分展开,以基层群体的
主要构成——农民——为抓手,提出了如何发挥基层群体的力量,切实改
善基层群体的收入,推进乡村产业的繁荣与共同富裕。

一、农民创业的特点、现状及困境

（一）农民创业的特点

农民创业是全球脱贫和我国现阶段实现共同富裕的重要驱动力。农
民创业相比一般的创业行为来看具有以下四个特点。

首先,创业主体资源、知识有限。当前农民创业的主体是一直留守农
村的农民以及返乡创业的农民工群体。这些群体通常拥有的资源有限,

缺乏复杂的技术知识①,其创业活动严重依赖自身固有知识。② 这意味着,农民企业家的创业活动与自身范围内能够获取和拥有的知识存在紧密联系。除此之外,由于受教育程度和知识储备的限制,这些群体思维方式比较传统,缺乏现代营销知识,其创业企业采用家族式管理的居多。

其次,创业领域和创业规模较为有限。受到资源和知识能力的限制,农民创业形式相对单一,进入门槛较低,企业基本规模偏小,主要是以家庭为单位的自雇型创业或以小企业的形式运营,以配偶、双方父母或家族其他亲戚帮忙为主。根据本书研究团队在 2016 年对浙江省进行调查所得的数据,在统计的 931 份农民创业情况调查样本中,创业企业的平均员工数为 70 人,平均年营业收入为 569 万元。此外,多数农民创业的领域较为集中统一且通常具有较为明显的地域特色,江浙等地区的农民创业领域都集中在第二、第三产业,而非第一产业。调查结果显示,931 位农民创业企业家中,仅有 1.9% 的农民选择了第一产业。而像青海、四川等地区,创业领域则更多以传统的种植、养殖为主。

再次,创业起步和发展速度较慢。创业者缺乏专业指导,主要靠个人摸索,从另一个角度来看也增加了创业风险,从而影响创业的起步和后续的持续发展。这些创业企业通常都是家族式管理,缺乏民主机制、竞争机制、激励机制,企业又以劳动密集型和手工操作为主,产品科技含量偏低,技术水平低,产品品种单一,档次较低,缺乏竞争力,难以适应市场变化,

① Lin S, Si S. Factors affecting peasant entrepreneurs' intention in the Chinese context[J]. International Entrepreneurship and Management Journal, 2014, 10(4): 803-825; Fan Y, Chen N, Kirby D. Chinese peasant entrepreneurs: An examination of township and village[J]. Journal of Small Business Management, 1996, 34(4):72-76.
② Anderson A R, Obeng B A. Enterprise as socially situated in a rural poor fishing community[J]. Journal of Rural Studies, 2017, 49: 23-31.

企业发展后劲明显不足，发展速度较慢。

最后，创业效果对农村区域辐射性显著。从农民创业效果来看，高质量的农民创业可以通过增加就业机会和农户收入来实现"先富帮后富"，还能催生农业农村的新产业、新业态和新技术，"一人创业、带动致富"，从而推动当地实现脱贫致富。[①] 如在广西壮族自治区崇左市天等县上映乡桃永村，被村民誉为"葡萄种植大王"的许绍弟，通过自己种植葡萄创业成功的经验带领桃永村村民种植葡萄，有超过一半的种植户年收入达 2 万元以上；广西壮族自治区百色市田阳县（2019 年 4 月撤县设区）返乡农民工苏俊宇在田阳县农民工创业园创办公司，带动了当地 200 多人就业。[②]

（二）农民创业的现状及困境

现阶段农民创业趋势整体向好，政府扶持力度不断加大。随着"大众创业、万众创新"的深入推进，创新创业的观念深入人心，农村创业的主体明显增加，有志青年、农民工、高校毕业生和退役士兵等各类返乡下乡创业人员主体日益增多。从人力资源社会保障部的调查数据来看，2015 年末各类下乡返乡创业人数超 480 万人，2016 年末累计超 570 万人，2017 年末累计超过了 700 万人，数据呈现逐年增加态势。2020 年，全国各类返乡入乡创业创新人员达到 1010 万人，比 2019 年增加 160 万人，同比增长 19%，形成了农民工、大学生、退役军人、妇女 4 支创业队伍。[③] 为了更好

[①] Si S, Yu X, Wu A, et al. Entrepreneurship and poverty reduction: A case study of Yiwu, China[J]. Asia Pacific Journal of Management, 2015, 32(1): 119-143.

[②] 莫光辉. 农民创业：助力脱贫攻坚与乡村振兴的新力量[EB/OL]. (2019-02-25)[2022-05-21]. http://theory. people. com. cn/n1/2019/0225/c40531-30899761. html.

[③] 郁静娴. 去年返乡入乡创业创新人员达 1010 万 比 2019 年增加 160 万人[EB/OL]. (2021-03-16)[2022-05-21]. http://www. gov. cn/xinwen/2021-03/16/content_5593210. htm.

地服务农民创业,推动农村经济发展,各地党委和政府对农村创业环境给予了更多关注,出台了一系列具体措施办法,提供尽可能多的便利条件和优惠政策,相关政策更多向返乡入乡创业人才和乡土人才倾斜,比如对首次创业、正常经营6个月以上的返乡入乡创业人员给予创业补贴等。

农民创业资金仍以自筹为主,融资渠道不够畅通。资金缺乏是农民创业面临的首要问题,创业融资渠道不畅仍然是制约农村创业的最大瓶颈。农民创业的资金来源主要有个人的家庭积蓄、向亲戚朋友借款、政府资金扶持、金融贷款等方面。中国劳动学会的调查也显示,很多返乡创业人员反映,当前县乡政府给返乡创业农民工提供的服务主要集中在"三通一平"基础设施方面,自筹资金主要用于厂房建设和设备购置,由于产权抵押程序复杂,贷款审批手续多、周期长,急需的流动资金贷款获得困难,返乡创业的投资往往难以形成预期的规模效益。① 中国人民银行课题组对58位有创业积极性的回乡农民工进行调查,结果显示,在他们当中,认为除自有资金外,资金缺口在50%以下的占21%,资金缺口在50%—70%的占43%,资金缺口在70%以上的占36%。国家统计局青海调查总队在2021年的调研也显示,超七成县域内农民工创业者启动资金不足10万元。在启动资金规模方面,创业活动初始投资规模在10万元以下者占71.4%,50万元以下者占97.1%,50万—100万元者仅占2.9%。②

创业者文化素质仍然偏低,缺乏经营管理经验。随着国家发展改革委、人力资源社会保障部和农业农村部等部门和单位先后出台《关于推动

① 杨志明.返乡入乡创业的新实践[EB/OL]. (2020-03-11)[2022-05-21]. https://www.ndrc.gov.cn/xxgk/jd/jd/202003/t20200311_1222850.html? code = &state = 123.

② 孔睿.青海县域内农民工就业现状:由劳动型向技术型转变[EB/OL]. (2022-01-05)[2022-05-21]. http://chinajob.mohrss.gov.cn/h5/c/2022-01-05/338173.shtml.

返乡入乡创业高质量发展的意见》《全国乡村产业发展规划（2020—2025
年）》，从上到下各级政府拿出"真金白银"扶持发展，激发返乡入乡创业
人员的内生动力，逐渐形成返乡热潮，吸引了一部分接受过高等教育的青
年带着技术、项目、资金、营销渠道，怀着乡村情感返乡创业，试图把现代
技术、经营理念带回家乡，催生新业态和新模式。事实上，不少地方的人
才创业环境难以做到"引得进，留得住"，在聚集人才，特别是较高素质技
能人才方面存在诸多困难，集中连片贫困地区可提供给"城归"创业的技
能人才更少。因此，农村创业的主力军还是文化素质较低、管理经验较为
缺乏的农民和返乡农民工，大部分农民工创业者创业观念和创业层次仍
处于较低水平，对于创业涉及的行业缺乏系统认识和理性判断，创业带有
一定的盲目性，自身创业知识技能有待提高。此外，农民创业者组织化程
度不高，区域优势资源整合能力不强。农民创业者更多是结合自身创业
领域和经营经验自行组建农村合作社，合作社社员共同开拓市场和抵御
市场风险。

政策落实不到位，培训机制不健全。尽管各地推出了很多政策来推
动农民工返乡创业，但事实上各项政策在执行落实上仍存在一些问题，农
民工回乡创办企业仍然困难重重，创业办理各项手续费时、费力、费钱，有
的要辗转多个部门，往往每道手续都要收费，增加了农民工回乡创业的成
本，大大降低了农民工回乡创业的积极性。一些地方投资用地控制较紧，
对创业人员缺少相应的保护和激励机制，使一些创业人员没有发展后劲
和动力。此外，各地也开展了形式多样的农民工创业教育培训，然而回乡
农民工创业教育普遍存在教育培训管理工作欠缺、培训时间较短、培训质
量有待提高、培训资源欠缺、培训方法缺少创新、教育培训缺乏针对性和

实效性以及缺少后续跟踪服务等问题。以青海省为例,从青海省对返乡农民工的调研来看,青海各级政府一直在大力推进创业活动,但从调查结果来看,创业教育培训存在覆盖面较窄、层次不高的现状。[①] 农民工回乡创业,涉及工商、税务、银行、劳动、农业等多个部门,尽管各部门开展了一些扶持工作,但配套服务严重滞后,相关制度尚未成熟,没有形成合力。有些政策尚不够具体,可操作性差,缺乏吸引力,或者因宣传不到位而不被回乡创业人员了解。

(三)农民成功创业的影响因素

本章在开篇就提出了一个问题,为什么有一些农民创业活动能够成功,而另外一些却会失败?现有研究主要从三个方面探讨了影响农民创业绩效的因素,除了讨论最多的农民个人因素,还有两个关键的影响因素。一是创业机会因素。所有创业活动都是追逐机会的过程,或者可以说创业机会是创业活动的核心。[②] 农民创业者在利用不同类型的创业机会时会面临不同的优势和劣势甚至约束,因而会对创业结果产生影响。二是创业环境因素,市场、文化和家庭等特定环境要素影响着农民创业绩效。由于农民在知识、技能、资源等方面具有一定的局限性,农民创业活动很容易受到外部环境的影响,因此创业环境对农民创业绩效有着极其重要的影响。农民创业的意识和创业行为受到多领域、多层面、多经济个体的共同影响;不同的自然资源、经济环境和技术环境产生不同的创业机会,

---

① 孙睿.青海县域内农民工就业现状:由劳动型向技术型转变[EB/OL]. (2022-01-05)[2022-05-21]. http://chinajob. mohrss. gov. cn/h5/c/2022-01-05/338173. shtml.

② Shane S, Venkataraman S. The promise of entrepreneurship as a field of research[J]. Academy of Management Review, 2000, 25(1): 217-226.

影响农民的创业活动。

1. 创业机会与农民创业

对农民来说,利用已识别的机会可能并不容易,因为利用机会的过程需要一定的知识广度和资源禀赋。本章通过对浙江省农民企业家的调查发现,在浙江省的农民创业过程中,主要有以下三种类型的机会。首先,创业机会可以由农民企业家自己识别。[①] 在这种情况下,创业机会是由农民企业家在商业活动中开发的。在特定领域进行商业活动和参与自我提升等培训和学习项目,有助于创业者拓宽其知识面。而知识分散在社会各处,会被企业家以不同的方式解读[②],随着相关知识的积累,创业者识别特定领域机会的可能性可能会提高。其次,创业机会可以通过个人社会网络引入。[③] 来自社会网络的关键信息为创业者带来了机会。最后,创业机会也会来自政府。已有研究指出,政府在刺激创业方面发挥着重要作用。例如,政府作为经济活动的积极参与者,可以鼓励农民通过创业脱贫增收。

但识别创业机会并不一定意味着企业家能够正确利用创业机会。当企业家无法正确利用创业机会时,这种创业努力不能自动转化为良好的创业绩效。如何正确地利用不同类型的创业机会会直接影响农民企业家的创业绩效。具体来看,创业机会被充分识别后进入利用时期,企业家应

---

① Chandra Y. A time-based process model of international entrepreneurial opportunity evaluation[J]. Journal of International Business Studies, 2017, 48(4): 423-451; Shane S. Prior knowledge and the discovery of entrepreneurial opportunities[J]. Organization Science, 2000, 11(4): 448-469.

② Hayek F A. The use of knowledge in society[J]. American Economic Review, 1945, 35(4): 519-530.

③ Granovetter M S. The strength of weak ties[J]. American Journal of Sociology, 1973, 78(6): 1360-1380.

该积极寻找外部互补知识来利用这种被识别的机会。为了利用创业机会,企业应该为购买互补资产等必需品做好准备,并熟悉市场需求。与其他企业家相比,农民企业家更有动力去寻找、获取和有效地吸收外部知识以获得机会。其原因在于,一是农民企业家秉承"要素投入开始后会付出更多投入以获得最大收益"的理念。按照这一逻辑,当农民企业家投入大量时间和资源识别机会时,他们更有动力在互补性知识搜索上进行长期投资。二是知识获取效率会在农民企业家现有知识领域接近互补知识时最大化[1],而拥有类似的知识基础可以让农民企业家知道如何搜索互补知识。[2] 三是从环境中获得知识后,农民企业家可以吸收并应用所获得的新知识来抓住机会。[3] 在这种情况下,企业内部的知识互补可以使自身吸收效率更高。

虽然任何企业家都可以寻求上述三种类型的创业机会,但针对农民企业家,农民创业的独特特征需纳入考虑范围。一是农民企业家对最新技术的了解程度相对较低,其创业活动与满足市场需求的动机密切相关。[4] 因此,农民企业家不太可能识别出偏离其日常经营范围的创业机会,或成功利用与突破性技术有关的创业机会。二是与其他企业家相比,农民企业家通常生活在农村地区,其地理特征加剧了农民创业对当地知

① Autio E, Sapienza H J, Almeida J G. Effects of age at entry, knowledge intensity, and imitability on international growth[J]. Academy of Management Journal, 2000, 43(5): 909-924.

② Foss N J, Lyngsie J, Zahra S A. The role of external knowledge sources and organizational design in the process of opportunity exploitation[J]. Strategic Management Journal, 2013, 34(12): 1453-1471.

③ Grant R M, Baden-Fuller C. A knowledge accessing theory of strategic alliances[J]. Journal of Management Studies, 2004, 41(1): 61-84.

④ Si S, Yu X, Wu A, et al. Entrepreneurship and poverty reduction: A case study of Yiwu, China[J]. Asia Pacific Journal of Management, 2015, 32(1): 119-143.

识的依赖。因此,对于不同的机会,农民企业家的机会利用程度和效力也是不同的。结合浙江省各县市的农民创业数据,本书研究得到以下发现。

首先,农民企业家更擅长利用自我识别的创业机会。自我识别的机会并不新颖。一是由于农民企业家的受教育程度普遍较低,其不愿意探索高技术知识背景要求的创新机会,而更倾向于在日常经营中识别创业机会。例如,农民企业家熟悉通过简单地重组现有资源来创造新产品的过程,这种服务市场的方式更容易被认可。因此,农民企业家自我识别的创业机会与既定的行业惯例和流程高度相关,这又使公司能够通过部署现有资源和专业知识更好地利用创业机会。二是出于利用已识别的创业机会的考虑,农民企业家具有收集必要互补知识和技能的能力和积极性。而识别创业机会的过程会产生包括信息积累投资在内的成本。一旦进行了初步投资,追求利润最大化的农民企业家出于利用已识别的创业机会的考虑,会竭力寻找外部知识。除此之外,随着自我识别的创业机会在企业运营过程中逐渐浮现,农民企业家已了解如何吸收互补知识。

其次,农民也能在一定程度上利用社会网络识别的机会来实现成功创业。一是社交网络识别的创业机会新颖性相对欠缺。在农村地区,人们彼此熟悉[1],同一地区的农民共享相似的知识领域。在反复的日常互动之后,创业机会的提供者对农民企业家及其商业活动情况十分熟悉。因此,社交网络识别的创业机会不太可能偏离企业已经建立的组织惯例和流程,这将减少农民企业家的额外成本。二是农民企业家寻找的外部互补知识更适用于社会网络识别的创业机会。尽管农民企业家在创业机会

---

[1] Turgo N. "Laway lang ang kapital" (Saliva as capital): Social embeddedness of market practices in brokerage houses in the Philippines[J]. Journal of Rural Studies, 2016, 43: 83-93.

识别阶段没有直接投入资金和庞大的精力,但社会网络识别的机会仍然会产生间接成本。基于互惠原则,农民企业家往往认为存在回报社会网络中创业机会提供者的义务。因此,他们有寻求和积累互补知识的强烈动机。此外,人情社会有助于收集有效的知识。由于农村地区普遍共享隐性知识,农民企业家可以更加高效地寻找必要的互补知识。

最后,现阶段农民企业家还难以很好地利用政府识别的创业机会。尽管政府在扶持创业和减贫方面发挥着至关重要的作用,例如启动创业培训和教育,制定政策和指导方针,推广创业模式,或是直接提供一些补贴、贷款支持创业,然而,政府识别的创业机会并不能使农民企业家取得优异的创业绩效,与自我识别和社交网络识别的创业机会相比,政府识别的创业机会更具有新颖性,关键在于政府识别的创业机会是政策导向的,例如中央和地方政府提出的五年规划。这些政策为后续产业发展的优先级提供了指导方针,并将产业集群化发展作为产业发展的目的之一。政府识别的创业机会在很大程度上取决于上述指导方针,往往会忽视农民企业家的实际知识领域。因此,政府识别创业机会的举措可能会使农民企业家偏离既定的组织惯例和流程。此外,政府拥有比农民企业家更广泛的知识基础。① 这种信息优势使政策制定者能够采用更为新颖的方式来满足市场需求,而这种具有新颖性的方式并不适合农民企业家。

2. 区域创业环境与农民创业

区域创业生态系统对农民创业有着重要作用。区域创业生态系统是多个创业主体与创业环境各要素交互作用形成的,并以帮助企业寻找创

---

① Rogers S. Betting on the strong: Local government resource allocation in China's poverty counties[J]. Journal of Rural Studies, 2014, 36: 197-206.

业机会、开展创业活动、提升创业绩效为目的的统一整体,包含经济、制度、文化等多种环境要素,具有区域性、网络性、多样性等特征,嵌入其中的主体受到区域创业生态系统的深刻影响。[①]

农村创业者所处的农村环境不同于城市环境,且农民创业者的个体特征也有别于城市创业者。高质量的区域创业生态系统可以帮助农村地区增加创业机会。优良的区域创业生态系统有着较为发达的市场基础和经济环境,削弱了由于地理位置而与主要市场阻隔给农村地区带来的不利影响,增加了非农业商业机会。同时,高质量的区域创业生态系统能够改善农村地区的技术环境,信息通信基础设施建设、研发机构技术转化能够弥补农民企业自身创新研发能力的不足,增加创新型创业机会。

一方面,高质量的区域创业生态系统可以帮助农民创业者识别创业机会。内嵌于区域创业生态系统中的农民创业者能够拓展自身社会网络,获得创业信息和市场动态,利用系统内提供的创业培训提升创业能力。区域创业生态系统内所形成的创业文化氛围可以提升农民创业者的创业意识,推动农民创业者在动态的竞争环境中不断尝试和利用不同的机会,以寻找企业绩效提升的可能性。

另一方面,高质量的区域创业生态系统可以帮助农民创业者开发多样的创业机会。农民创业者相对其他创业群体,其创业素质和创业资源处于劣势,而高质量的区域创业生态系统能够帮助农民创业者获得多样的资源。高质量的区域创业生态系统有着良好的制度环境、经济环境和社会环境,多种类型的参与主体基于自身竞争优势开展活动,提供大量丰

---

① 邬爱其,刘一蕙,宋迪. 区域创业生态系统对农民创业绩效的影响——来自浙江省的经验证据[J]. 农业技术经济,2021(1):105-116.

富的互补性产品和服务并整合到系统中。参与其中的农民创业者可以以较低的成本获得所需资源,拓展自身关系网络,帮助其开展多样的创业活动,提升创业绩效。

本章利用浙江省农民创业企业的调查数据,从市场基础、资金来源、制度政策、创业基础设施、技术基础、教育培训、人才资本和文化氛围八个维度构建区域创业生态系统质量指标。实证研究发现,高质量的区域创业生态系统可以通过促进农民创业者的创业活动多样化,提升其创业绩效。研究证明了地方政府部门建立和培育高质量区域创业生态系统的必要性,以及农民创业者积极嵌入当地创业生态系统的重要性。

除了区域创业生态系统,区域的经济发展水平也会对农民创业的绩效和结果产生重要的影响。中国不同地区的经济发展水平有较大的差异。例如,根据 2021 年的统计数据,浙江北部的发达城市(如杭州和宁波)的地区生产总值是南部一些城市(如衢州和丽水)的 8—10 倍。本章通过对浙江省各县市的调研发现,当地区经济发展水平较高时,一方面,消费者会随着可支配收入的增加而变得挑剔,对于农民创业者而言,满足发达地区消费者需求的能力通常有限;另一方面,在经济发展水平更高的地区,市场变得更具吸引力,企业间的竞争也会更加激烈。这就导致农民在这些更为发达的地区创业成功的难度更大。

二、农民创业助力共同富裕的三种模式

创业本身就是一个高风险、高失败率的活动,而从前文中可以发现,农民创业由于资源、知识和能力的约束,天然就具有更多的发展障碍。尽

管如此,在各级政府政策的大力支持下,在各类"土专家""田秀才""燕回巢""农创客"的带领下,在各种新业态的助力下,农民企业家们在创业活动中也摸索出了很多成功路径,不仅为当地农民创造了可观而稳定的经济收入,还有效解决了当地贫困群体的就业问题,切实推进了乡村产业繁荣和共同富裕。

（一）"电商＋""平台＋"降低农民创业门槛

随着数字乡村建设、电子商务进农村综合示范等项目的深入推进,中国农村电商加速发展,农村消费市场潜力进一步得到释放。早在 2015 年,农业部、国家发展改革委、商务部就联合印发了《推进农业电子商务发展行动计划》,商务部等 19 部门联合印发了《关于加快发展农村电子商务的意见》①,明确农业部门促进电子商务发展的指导思想、基本原则、总体目标和重点任务。通过政策支撑和氛围营造,我国大力发展农业电子商务,助力农民创新创业,成绩显著。

浙江省农村电商发展一直走在全国前列。2020 年,浙江实现网络零售额 22608.1 亿元,同比增长 14.3%。其中,按商务部同口径测算,农村（县域）网络零售占浙江全省比重超 40%,居全国首位。② 2017 年以来,浙江省商务厅联合省内多个"双创"部门共同打造"之江创客"大赛,汇聚、挖掘和培育优秀农村电商人才与项目,聚集更多的创新资源,加快推动"双创"成果转化,不断增强乡村振兴新动能,助力共同富裕示范区建设。

---

① 商务部. 商务部等 19 部门关于加快发展农村电子商务的意见［EB/OL］.（2015-08-21）［2022-05-21］. http://www.gov.cn/zhengce/2015-08/21/content_5023758.htm.
② 黄慧.浙江集结农村电商前沿双创项目 激荡创新活力助力共富［EB/OL］.（2021-09-30）［2022-05-22］. http://www.zj.chinanews.com.cn/jzkzj/2021-09-30/detail-iharpcni8669070.shtml.

2019 年以来,浙江共有 34 个县(市)获批国家电子商务进农村综合示范县,探索出了一批可复制、可推广的"浙江经验"。

"遂昌农村电商模式"就是浙江农村电商全国闻名的一块"金字招牌"。遂昌县落实乡村振兴、共同富裕的新要求,抢抓山区 26 县跨越式发展及数字化改革重大机遇,推动观念、物流、品牌、平台和服务提档升级、融合聚变,探索形成具有山区特色的"电商＋产业振兴"模式,迭代打造"遂昌农村电商模式 2.0"。遂昌县坚持从提升农民、电商运用互联网的意识和能力入手,开展多种形式的农村电子商务人才培训、抖音高级研修、直播带货培训等培训班,并在农村便民服务中心搭建起"直播电商带货,助力遂昌农品"直播间,以"课程＋实训"方式,不断升级农产品经营模式,让手机真正成为"新农具"。同时通过各种优惠政策吸引人才,不断充实和壮大县域电商人才队伍。横坑村村支书潘枝旺就是其中一个典型。潘枝旺年轻时在杭州打拼,却一直心系家乡,希望能用自己从事电商积累的人脉和资源来推广家乡的高山蔬菜,带领全村人走上电商致富路。潘枝旺先是带领村民在濂竹乡等地的 20 亩(1 亩约为 666.67 平方米)闲置高山土地播种紫土豆,通过搭建"直播电商带货,助力遂昌农品"直播间,领着乡亲们一起开拓市场。最终,"土疙瘩"成了抢手货,不少村民都表示第二年要扩大种植面积。

又如农村电商致富带头人潘东明,在遂昌创办了专注于农村电商化、"互联网＋"的电商平台"赶街村货",为农民电商创业提供"农村互联网＋"解决方案。"赶街村货"的建立初衷就是帮助小农户卖村货。小农户面临种植养殖分散性、碎片化,产品质量、数量不可控,物流成本高等问题,这使得为中小农户服务变得相当困难。"赶街村货"采用的是完整的县、乡、村三级服务站及经纪人体系，在中小农户和消费者中间搭建一个门店，利用整体的打包优势，通过"赶街村货"经纪人体系来解决供应问题，用"产地直采＋社区电商"的模式，通过"生产者＋经纪人＋平台"三重追溯，确保货物的品质，帮助小农户更好地卖村货。据"赶街村货"透露，他们在一个县的一个店，可以为超过 1000 户家庭人均增收 3000—5000 元，已经形成了非常明显的促进农民增收、精准扶贫的效果。

2021 年，遂昌县直接从事农村电商的人员超过 8000 人，在电商主流网络平台上注册登记网店 4058 家。2020 年，遂昌县成功获评国家电子商务进农村综合示范县。2021 年，遂昌县农产品网络零售额同比增长 10.75 倍，茶叶、番薯干、笋干、菊米等农村主导产业提质增效明显，促农增收动力强劲。2021 年，遂昌县农村常住居民人均可支配收入同比增长 12.7％，居丽水市第一。①

（二）"数字＋"点燃农业发展新活力

现代农业发展到今天，已越来越呈现出规模化、集约化、绿色化、数字化特征。从而一方面通过专业化、规模化经营，提高劳动生产效率，集约资本、技术集成提高土地产出率，提高从业农民的综合生产效率，增加农业收入；另一方面通过第一、二、三产业融合，发展农产品加工业、观光旅游休闲农业，以及生产性服务业、"互联网＋"等新产业、新业态，延长产业链，提升价值链，保障供给链，完善利益链，增加从业者在农业内部的就业

---

① 遂昌县市场监督管理局.遂昌县"农村电商模式 2.0"打造山区县共富"金名片"［EB/OL］.（2022-09-27）［2023-05-22］. http://www. suichang. gov. cn/art/2022/9/27/art＿1229372692＿60383919. html.

机会,提高农民收入。①

　　以数字技术渗透融入农业生产、加工、销售、冷链等关键环节,撬动农业生产力变革,促进农业转型升级发展新动能,助力农民创业增收已经成为很多地方推进乡村全面振兴的首选。浙江省是全国数字农业发展先行区,全省各地掀起数字农业发展热潮。2020年农业农村部组织的一项专题评估获得的数据显示:浙江县域数字农业农村总体发展水平为68.8%,远超全国36.0%和东部地区41.3%的综合发展水平,县均投入额更是全国平均水平的11倍。②

　　江山市农民采用的数字食用菌养殖法就是一个典型的案例。早在20世纪80年代末,千家万户的菇农在毛竹大棚、茅草屋里种菇,开启了江山食用菌的"1.0版";21世纪初,江山市的部分菇农采用空调房种植食用菌,开启"2.0版",从过去一年只能种一季变为一年能种四季;而今,江山市一个年产5000吨食用菌生产线项目的投产,把江山食用菌产业推向机械化、自动化、智能化的"3.0版"时代。江山的菇农黄彤根种了36年的食用菌,见证了江山食用菌产业从"1.0版"向"3.0版"迈进的全过程。通过实施利兴菌业、君缘生物智能工厂等项目,年产6000吨食用菌,年产值达3900万元,给周边地区创造了100个就业岗位。同时带动与食用菌相关联产业的发展,带动菌农收入显著增长。2020年,全市农村常住居民人均可支配收入达28415元,同比增长7.7%。③

---

① 王瑾,金昌盛,毛小报,等. 共同富裕背景下浙江省山区农业产业富民理论内涵、模式分析及路径创新[J]. 浙江农业科学,2022(5):200-203.
② 蒋文龙,朱海洋. 浙江念好乡村振兴"数字经"[EB/OL]. (2021-03-22)[2022-05-22]. http://nyncj.zjtz.gov.cn/art/2021/3/22/art_1229569148_58932278.html.
③ 江山市统计局.2020年江山市国民经济和社会发展统计公报[EB/OL]. (2021-04-06)[2022-05-22]. http://www.jiangshan.gov.cn/art/2021/4/6/art_1229077394_3644 077.html.

此外,湖州南浔区菱湖镇的"渔博士"沈杰创办的庆渔堂也是"数字+"技术与传统农业渔业相结合的典型案例。沈杰的父亲以养鱼为生,沈杰自小深谙养鱼的辛苦和风险,在经历过家中承包的鱼塘鱼苗全部死亡的无助后,改变水产养殖户劳作艰辛的梦想便在他心灵深处扎下了根。2016年,在物联网技术领域有充分积淀的他辞去城市的工作,回到家乡菱湖,创办庆渔堂,决定将物联网和生态渔业融合在一起,带领乡亲们增收致富。通过前期充分的实地调研,沈杰和他的团队通过技术创新和模式创新,切实解决了传统养殖的弊端,赢得了养殖户的认可。24小时实时监控平台,不仅让养殖户能随时随地掌握整个鱼塘水质的变化,还可通过手机App在家遥控增氧机的开关。为了更好地让农民了解和掌握平台的使用,沈杰团队还设立养殖户宣传培训试点,免费为养殖户安装设备,打造智慧服务平台,推出管家式服务,手把手教会村里的养殖户利用数字技术养鱼创收。沈杰研发的鱼塘传感器系统为每亩鱼塘增收2000多元,智慧渔业大数据平台连接起1万多个鱼塘,为3000多户养殖户提供物联网监控服务。[1] 随着越来越多人接受物联网养鱼,沈杰的物联网智慧渔业大数据平台服务范围已经以南浔为中心,辐射至整个长三角地区近60万亩鱼塘。[2]

众所周知,物流是实施电子商务的根本保证。完善的物流体系将大大缩短商品到达客户手中的时间,提高商品运输效率。农民创业,尤其是做电商,或是用数字技术赋能传统农业的创业项目,对产品的新鲜度要求

① 柴燕菲,钱晨菲.浙江:农创客让乡村从"新"年轻[EB/OL].（2021-12-25）[2022-05-22]. http://www.zj. chinanews. com. cn/jzkzj/2021-12-27/detail – ihatzwis4229399. shtml.

② 陈海.带动农民创业增收 南浔和孚镇加快生态渔业发展[EB/OL].（2021-06-22）[2022-05-22]. https://zj. zjol. com. cn/news. html？id = 1687234.

较高,因此对物流提出了更高的要求。2021 年 5 月,为精准解决农产品上行"最初 100 米"的难题,遂昌联合浙江省邮政分公司,引入"数字物流"概念,启动全省首个数字乡村物流中心建设(含农村三级物流体系建设),打造县级邮政与多家民营快递公司跨品牌自动化混合分拣系统。建成 9 个乡镇级物流中转中心、120 个村级综合服务站以及汽车邮路县域全覆盖的三级农村物流服务网络,服务辐射全县 20 个乡镇 201 个行政村。① 比如,依托三级物流体系网络优势,为新路湾镇小侯村合作社提供个性化快递物流服务方案,开通新路湾镇小侯村直达嘉兴的农产品专线邮路,让当地新鲜果蔬无须经过多个中转站,当天就能送达嘉兴市,解决了小侯村因物流无法打开农产品销路的问题,已成功为该村销售小冬瓜、茄子等时令蔬菜近 7 吨,促进当地农民人均增收 5000 余元。

(三)"合作社 +"激发农民共创潜能

《中华人民共和国农民专业合作社法》规定,农民专业合作社指的是"在农村家庭承包经营基础上,农产品的生产经营者或者农业生产经营服务的提供者、利用者,自愿联合、民主管理的互助性经济组织"。农民专业合作社也要遵循"以服务成员为宗旨,谋求全体成员的共同利益"的原则,发挥互助性优势,聚焦服务成员,为全体成员谋求共同利益。浙江省内不少农村都采用了"合作社 +"的模式,通过多元主体联动发展的机制激发农民共创潜能,进一步助力共同富裕的实现。

---

① 遂昌县市场监督管理局.遂昌县"农村电商模式 2.0"打造山区县共富"金名片"[EB/OL].(2022-09-27)[2023-05-22].http://www. suichang. gov. cn/art/2022/9/27/art _1229372692 _60383919. html.

典型的"合作社＋"模式就是"龙头企业＋专业合作社＋农户"。例如湖州市南浔区千金镇商墓村茹小芳家庭农场采用的就是这种模式。千金镇是典型的农业乡镇，村民以从事种植、养殖业为主。围绕乡村振兴战略，千金镇不断优化产业发展布局，加快生态农业、龙头企业建设步伐，通过"农业龙头企业＋现代生态养殖小区＋农户"的模式抱团发展，打造集种鸡供应、饲料生产、技术服务、成鸡保价回收于一体的合作经营模式，传播科学种养销售新路径。合作社还经常邀请专家到农场指导，不定时开展相关培训，帮助提升农户的养殖技能和经营能力。在千金镇，像南浔千金温氏肉鸡养殖这样的专业合作社有 10 家，大家团结一致，抱团发展，带动了村民共同发家致富。其中一个家庭农场，从 2020 年加入专业合作社养殖队到 2021 年上半年，已经完成了一轮鸡仔的养殖，20 万只鸡毛利近 40 万元。[①]

位于开化县华埠镇新青阳村的家思牧场也是采取了"合作社＋农户"的经营模式，打造了一个集梅花鹿养殖、旅游观光、农事体验等于一体的生态观光牧场，并且将获得收益的 70% 分配到户，帮助农民创收致富。随着农场的进一步发展，新青阳村与旭日村、溪东村、联盟村等 5 个地域相近村，还抱团成立了"田园牧歌"共富联盟，以家思牧场为核心，打造出了一条 5 村联动、总规划面积 48 平方公里的休闲康养旅游"网红打卡带"，将各个村的自然风貌、产业优势结合起来，共同推动整个区域的发展，持续拓宽百姓共富路径。

另一种"合作社＋"模式则是通过"专家团队＋产业农合联＋专业合

---

① 陈颖. 龙头企业＋合作社＋农户 这道"加法"鼓足村民钱袋子[EB/OL]. (2021-05-06) [2022-05-22]. https://zjnews.zjol.com.cn/zjnews/nbnews/202105/t20210506_2248 6389_ext.shtml.

作社"的新型农技推广服务模式来实现的,衢州龙游县和台州路桥区都采用了这种模式。以路桥区为例,路桥区供销联社建立了"首席专家+专家团队+产业农合联+专业合作社"新型产业服务联结机制,邀请浙江省农业科学院研究员陈俊伟等为当地农产品"把脉"。通过专家的专业赋能和指导以及农业技术的引进,粮油产业农合联承包的 4500 亩土地,开始推广"早稻—甜瓜—豌豆"轮作、"早稻—西蓝花"轮作等模式,有效提高土壤肥力,提升早稻产量和品质,还通过生产培训、品种优选、种植技术改良,让会员实现亩均增产 25 千克。当地的亿亨果蔬基地则联合农技专家、农业科研人员,研发培育各种精品柑橘品种,推广增温补光、绿色防控等新技术,实现"一年四季有柑橘"的目标,目前,该基地总投资达到 1200 多万元,种植面积共计 400 多亩,种有"红美人""绿美人""春香""甘平""媛小春""阿诗密"等各类柑橘,其中红美人种植面积占 70%。[①]

三、以农民创业促进共同富裕的对策建议

建议一:建立健全组织机构协同机制,统筹各项政策实施。国务院多次强调需不断完善体制机制、健全普惠性政策措施,加强统筹协调,构建有利于大众创业、万众创新蓬勃发展的政策环境、制度环境和公共服务体系,以创业带动就业、创新促进发展。创业政策落地与协同机制构建需要发挥专业机构统筹协调作用,带动多个主体共同参与。一是完善创业政策执行各相关单位职能的梳理和重构,建立一站式创业政策服务平台,提

---

① 朱玲巧文. 路桥:诠释为农初心 践行共富使命[N].台州日报,2022-01-21(9).

供手续办理、法律咨询等全方位服务。二是加强协调机构或小组的人才队伍建设,选拔具有相关经验的政府工作人员担任机构成员,组建专家资源库,邀请有创业教育经验的高校教职工及有创业实践经验的企业管理人员担任组员,加强农民创业专项培训,提高协调能力。

建议二:优化农村创业营商环境,重点扶持农民返乡创新创业。精简创业企业审批流程,优化营商环境,激发市场主体活力和发展动力。需深入推进以"放管服"为核心的行政审批制度改革,有效降低创业企业的制度性交易成本,提高个人创业意愿,为市场主体释放更大空间。一是各级政府深化"一窗受理、集成服务、一次办结"的服务模式,建立"互联网＋政务服务"的创新模式,实现"最多跑一次"的服务目标,降低创业者的时间成本和信息成本。二是实行政务公开,推进审批流程、办结时限和收费标准的规范化、透明化改革,营造零障碍、低成本、高效率的政务环境,降低创业审批门槛,激发普通民众的创业热情。三是进一步简政放权,通过减税降费等减轻企业负担,并加大监管力度,确保服务真正落实,为创业企业提供更多的便利。四是在政策上坚持普惠性与扶持性相结合,坚持盘活现有的农民创业企业与增加农民创业企业二者并举,坚持政府引导与市场主导相结合,实行城乡一体联动。五是通过免税、免房租或补贴房租的形式,调动农民创业积极性。

建议三:推广乡村产业人才认定系统,夯实乡村产业人才基础。乡村产业人才是乡村振兴的关键。2021年,长沙市出台乡村振兴产业人才队伍建设若干措施及13个配套实施办法,成为全国首个形成系统性乡村产业人才认定支持政策体系的城市。应进一步建立健全人才认定系统,推广长沙模式,聚焦农业产业领军人才、新型职业农民、乡村技能人才等各类乡村产业人才,建立起系统性的认定支持政策体系,致力集聚一批善经营的"农创客"型能人、懂技术的"田秀才"型能人、创业经验丰富的"燕回巢"型能人以及在当地有较高的专业知名度和群众认可度的"土专家"型能人。对不同类型的人才实行不同级别的资金、资源支持,通过政策优惠和资源倾斜,吸引和留住更多的乡村产业人才,为实现乡村振兴奠定坚实的人才基础。

建议四:搭建农民创业的资源共享平台,积极扩展农村创业空间。进一步加快推进农民工创业园、创业孵化基地、众创空间等就业创业平台建设,在有条件的乡镇创建农民工创业孵化基地、返乡青年创业服务中心,完善创业平台服务功能和扶持政策,引入专业化创业服务机构进行运营,进一步提升创业服务水平。对现有的农村土地进行合理规划,引导返乡创业者充分利用荒坡、荒地作为创业建设场地。鼓励地方政府依托基层就业和社会保障服务平台,整合各职能部门涉及农民工创业的服务职能,建立融资、融智、融商一体化的创业服务中心。同时积极扩大乡村创业空间,统筹城乡产业布局,开展乡村建设行动,发展县域经济。将城市部分劳动密集型产业向农村地区产业园转移,实现城乡产业合理布局、优势互补。大力发展特色县域经济、魅力小镇、乡村旅游和农村服务业,为农村劳动者提供更多产业选择和创业机会。健全基础设施,各级政府都应加强服务平台设施建设,通过农民创业培训、成立农民创新创业中介机构,引导农民进行创新创业。

建议五:完善农民创业的精准培训体系,注重农民创业的主体培育。完善精准创业培训体系,规范农民创业培训内容,建设专业化创业教育师资队伍,培养农民树立创业就业理念,提高农民创业技能和创业水平,引导新生代农民到新产业、新业态创业。一是地方政府部门组织优秀创业者、创业专家等设计一套操作性强、系统全面的创业教育课程。同时,注重建设一支专业化的创业教育师资队伍,确保创业教育培训的质量。二是加大投入,鼓励社会力量参与创业培训,并给予相应的创业培训补贴。同时,建议政府完善激励机制,推进创业导师分类与奖励,提高创业导师的指导积极性,真正发挥导师的实际作用,以"一对一"或"一带多"的方式切实帮助解决企业初创阶段的突出困难。三是在培训内容上,可根据市场需求、农民的资源特征等开展培训,重点培养其创业机会识别能力、风险抵御能力和管理经营能力。四是在培训方式上,可以采取集中培训和专业培训相结合的方式,组织产业、管理、金融等领域的专家及创业成功的典型对返乡农民工就创业过程中遇到的难题提供实际的指导。五是定期评估当地农民的创业积极性,及时根据反馈做出相应调整。

第五章

公司社会创业与共同富裕

传统观点认为,政府和非营利组织是解决社会问题的主力军。而实践表明,单纯依靠政府或者慈善并非长久之计,企业同样可以在消除贫困、实现共同富裕等社会问题上做出巨大贡献。相较于政府或非营利组织,大型企业在利用现有资源解决社会问题上往往具有更高的效率,"公司社会创业"不断涌现,越来越多的大型企业通过识别和发现社会创业机会、用商业化的方式解决社会问题来创造社会价值。浙江一直走在以创新创业促进共同富裕的前列,以横店集团、海亮集团、吉利集团、传化集团等为代表的浙江企业在助力共同富裕上做出了巨大贡献。然而,与欧美国家相比,我国公司社会创业的发展仍处于起步阶段,面临着总体规模较小、支撑体系不完善等诸多挑战。

那么,如何发挥我国大型企业在解决社会问题方面的关键作用? 如何引导大型企业通过转型发展推动共同富裕目标的实现? 本章将围绕公司社会创业的定义和价值创造逻辑、助力共同富裕的路径选择等方面展开,指出大型企业在激活基层群体创业、驱动区域协调发展、利用数字技术赋能共同富裕等方面的关键作用,并提出相应的政策建议与对策。本章聚焦于解决社会问题的主力军——大企业,关注到公司社会创业在激活基层群体创业上的独特作用,探索出以公司社会创业精准赋能基层群体的创业、助力共同富裕的路径。

一、大企业：解决社会问题的主力军

（一）公司社会创业的涌现

作为一种新型的创业模式,兼具社会性和商业性的社会创业已成为全球普遍关注的现象,已有至少 32 个国家正在积极回应联合国 2030 年可持续发展目标(SDG),大力发展社会企业,其中绝大多数国家或地区已经具备较完整的社会企业认证与服务体系。社会创业的价值也得到了利益相关者的普遍认可。全球知名市场研究机构 CB insights 的报告显示,全球最活跃的创业加速器 Y Combinator 和多家著名风险投资机构、科技巨头都聚集到了社会创业领域,以资本助力社会企业的发展。越来越多原本以营利为目的的企业开始转型并迈入社会创业领域,尝试以创新方法解决社会问题,"公司社会创业"的案例不断涌现。

从发达国家的经验来看,社会整体的进步源于经济创业与社会创业的并行发展。然而,我国现阶段的创业活动仍呈现出重经济价值而轻社会价值的倾向,难以适应高质量发展阶段的要求。[①] 虽然社会创业已在我国消除贫困、改善自然环境与社会环境等方面发挥了一定作用,但我国社会

---

① 傅颖, 斯晓夫, 陈卉. 基于中国情境的社会创业:前沿理论与问题思考[J]. 外国经济与管理, 2017(3)：40-50.

创业尚处于起步阶段,绝大多数社会企业处于初创期和成长期,总体规模偏小。在该背景下,如何发挥我国大型企业在解决社会问题和创造社会价值方面的关键作用、如何引导大企业通过转型发展推动共同富裕目标的实现成为亟待解决的问题。

虽说公司社会创业是一种新型的模式,但已有不少实践案例证明了大企业在帮助重点群体提升就业质量、推进共同富裕的过程中扮演的关键角色。以横店为例,20世纪70年代,横店还只是浙江省中部一个贫穷偏僻的小山村,人均年收入不足百元。当地曾流传着一首歌谣,"抬头望见八面山,薄粥三餐度饥荒,有女不嫁横店郎",唱尽了横店交通不便、区位不彰、贫瘠落后的景象。40多年后的今天,横店已走出了一条以影视文化产业全域化高质量建设共同富裕发展之路。2020年,横店位列"2020年全国综合实力千强镇"第22名,全省第3名,实现规上工业产值211亿元,影视文化产业年营收157亿元,旅游收入超过200亿元,税收收入41亿元,年接待游客近2000万人次。[1] 影视文化产业和旅游服务业的发展为横店人提供了大量的创业机会,横店农民的人均年收入从1975年的75元增长到2020年的6.5万元,迈进了"大康社会",成为中国乡村实现跨越式发展的典范。

横店这40多年来翻天覆地的变化离不开横店集团的创始人徐文荣,他被横店人称为"牵金牛的人"。1975年开始创业的徐文荣白手起家,靠公社2000元的借款创办了横店丝厂,238名农民当上了工人。他不仅自己办厂,还带动大家办厂,陆续发展出了针织厂、内衣厂、印染厂、丝织厂

---

[1] 东阳市人民政府.解码横店共同富裕样本[EB/OL].(2021-11-15)[2022-05-29]. http://www. dongyang.gov.cn/art/2021/11/15/art_1229595454_59496530.html.

等,在横店形成"针织一条街"。1980 年,徐文荣看到轻纺业有下滑趋势,便迅速调整产业结构,抓住了发展磁性材料的机会,大力发展电气电子等高科技产业,1993 年成立了全国第一家乡镇企业集团——横店集团。20 世纪 90 年代中期,横店又迎来了一次重要转折,徐文荣决定转型发展以影视产业为龙头的第三产业,以打破区位、土地、环境等因素对工农业发展的制约,带动更多的百姓共同致富。于是,自 1996 年起,横店集团开始涉足影视旅游产业,陆续投资 100 多亿元,建成了全球规模最大的影视拍摄基地和国内产业链最完整的影视文化产业集聚区。如今,横店集团有电气电子、医药健康、影视文旅、现代服务四大产业板块,共有 200 多家生产与服务型企业、5 万多名员工。①

"共同致富,不是赚了钱分给贫困者,而是提供赚钱机会,带动致富,帮助贫困者学会致富的本领",徐文荣如是说。在横店集团的发展历程中,徐文荣始终思索着如何以产业带动和聚集地方百姓实现共同富裕,而不仅仅是追求企业自身利益的最大化。很多人曾问徐文荣,种田的农民能办厂、能发展高科技产业吗? 徐文荣总是坚定地相信农民有着巨大的创造力,需要的只是一个公平的机会来改变命运。横店早期的员工大多是小学、初中学历,将他们培养成能看懂图纸、操作机器的工人需要很大的成本和时间投入。徐文荣并没有退缩,而是竭尽所能地为他们创造机会,加强对农民的文化教育,采用"内培 + 引进"的方式培养技能型人才。

1991 年,徐文荣投资 50 余万元创办横店工业技术学校;1994 年,横店集团牵头成立横店大学。得益于此,横店集团的人才结构逐渐优化,为

---

① 孙是炎. 徐文荣口述风雨人生[M]. 上海:中西书局,2011.

当地经济发展储备了人才,也为后续横店实现产业转型升级、进军影视文化产业奠定了基础。在"共创、共有、共富、共享"理念的支撑下,横店集团解决的远不止几千人、几万人的就业,而是带动横店镇全民就业,实现横店人"农民—市民"的身份转变。除了培养知识型农民,徐文荣提出了"企业办社会"的想法,以解决社会问题为企业己任,积极投身横店城镇化建设。在公共基础设施上,横店集团不计回报,采用公益性投资的方式支持横店修路搭桥,在高铁建设、航空业发展上投入了大量资金,2018 年,东阳横店通用机场正式通航。①

横店集团的一系列举措已超出了传统企业社会责任的范畴,通过"公司社会创业"的方式推动了横店城镇化发展,实现了企业发展、产业发展和区域发展共同促进、互利共赢的效果。"不是给老百姓发钱,而是支持老百姓通过劳动持续赚钱",徐文荣认识到这才是解决"三农"问题、让农民永远幸福的关键所在。

(二)什么是公司社会创业

根据中国公益创业研究中心的定义,社会(公益)创业是个人、社会组织或者网络等在社会使命的激发下,追求创新、效率和社会效果,兼顾经济效益和社会效益。由于具有公益性、自发性、草根性等特点,社会创业往往能作为政府与市场之间的缓冲器,通过平衡经济目标与社会目标维护社会公共利益、推动社会进步。

公司社会创业是从创业、公司创业和社会创业三个领域衍生和发展

---

① 窦军生,施杰. 徐文荣:三农赤子[M]. 北京:机械工业出版社,2020.

出来的概念,可以视为"公司创业"和"社会创业"的结合体。① 作为创业的一种具体类型,公司社会创业是指大型企业识别和发现市场失灵中的创业机会,用市场化或商业化方式解决社会问题和创造社会价值,孵化社会企业或社会项目的活动。为了辨析公司社会创业与其他创业类型的差异,戴维奇从主体和目的两个维度对创业活动进行细分(见图 5-1)。具体而言,创业主体可划分为个体和组织两个层次,创业目的可划分为追求商业价值和追求社会价值。个体以追求商业价值创造为目的的创业活动一般被视为"个体创业"(第一象限);个体以创造社会价值为目的创业活动属于"社会创业"的范畴(第二象限);组织围绕商业价值创造展开的创业活动可归为"公司创业"(第三象限),而组织以社会价值创造为主要目的的创业活动则是本章关注的焦点——"公司社会创业"(第四象限)。

个体层次	第一象限 个体创业 （个体/商业价值）	第二象限 社会创业 （个体/社会价值）
组织层次	第三象限 公司创业 （组织/商业价值）	第四象限 公司社会创业 （组织/社会价值）
	商业性创业	社会创业

图 5-1 基于主体和目的两维度划分创业类型

资料来源:戴维奇. 理解"公司社会创业":构念定位、研究梳理与研究议程[J]. 科学学与科学技术管理, 2016(4) : 35-44.

与公司创业相比,公司社会创业体现出了更强的"利他性"和"社会

---

① 窦军生,施杰. 徐文荣:三农赤子[M]. 北京:机械工业出版社,2020.

性",注重社会价值而不仅仅是商业价值;与社会创业相比,公司创业的主体是不同的,是以大型企业为代表的正式的非营利组织,而非一般意义上的个体社会创业者。可见,公司社会创业可以视为大型企业承担起了社会创业的责任。以横店集团为例,横店集团在当地教育和公共基础设施建设上投入了大量人力和财力,为当地农民提供了广泛的就业机会,这些投入都是以整个横店的城镇化发展而非集团利益最大化为目的,因此不同于以盈利为目的公司创业活动;创业的主体也超越了徐文荣个人,依赖整个组织"四共"(共创、共有、共富、共享)机制的保障以及各大业务板块的相互支撑,以实现企业、区域经济与社会的可持续发展。

正因为是公司创业与社会创业的结合体,公司社会创业兼具"公司创业"与"社会价值创造"的特性,成为连接大企业与社会价值创造的桥梁。公司创业的核心特征在于创新性、先动性、新业务开发与自我革新①,其中创新性反映了公司在面对挑战时产生新想法和创新解决方案的倾向;先动性反映了公司预测和利用新机会、推出新产品和新服务的速度;新业务开发是指通过重新定义公司的产品与服务、开发新市场在现有组织内创建新业务;自我革新则是对商业概念的重新定义或新战略方向的提出。

社会价值创造的主要表现包括社会附加值、赋权、系统性变化和社会创新四个方面②,其中社会附加值是社会创业活动的共同特征,是通过解

---

① Antoncic B, Hisrich R D. Intrapreneurship: Construct refinement and cross-cultural validation[J]. Journal of Business Venturing, 2001, 16(5): 495-527.

② Young R. For what it is worth: Social value and the future of social entrepreneurship[M]//Nicholls A. Social Entrepreneurship: New Models of Sustainable Social Change. Oxford: Oxford University Press, 2008: 56-73.

决被忽视的根深蒂固的社会问题而实现的价值,例如,通过创业活动解决节能减排、环境保护、食品安全、助残就业、助老敬老等领域的社会问题;赋权则体现在对弱势群体的关注上,通过提供就业岗位或相关技能培训来提升他们获取经济来源的能力;系统性变化体现在打破现有的惯例、结构和文化偏见上,例如,农民可能会囿于传统的思维模式,无法接受改善生活的新技术或者有技术要求的工作岗位,而这些观念是可以通过教育改变的;社会创新则强调以有限的资源寻找到更好的社会问题解决方案,例如,残友集团在发展初期与很多非营利机构一样,面临运营公益网站经费紧缺、没有利润来源的问题,创始人郑卫宁创新地提出了"以网养网"的思路,决定通过为企业、政府提供信息化建设服务来获得经济收入,这一举措充分挖掘了残疾人在 IT 技术方面的潜能,让残疾人尤其是残疾大学生强势就业,成为解决残疾人就业问题的社会创新典范。

（三）公司社会创业的价值创造逻辑

公司社会创业与企业承担社会责任的目的都是创造社会价值,但两者在社会价值的创造方式上有着显著的区别。公司社会创业是激发和推动企业承担社会责任的过程,并不能被简单视作企业社会责任的一种类型。在此基础上,戴维奇对这两个相关概念进行了辨析(见表5-1),指出了两者在研究领域、行为表现与结果、行为特征与风险、主动性、行为主客体等方面的诸多差异,反映了两者不同的价值创造逻辑。

表 5-1　"公司社会创业"与传统企业社会责任的比较

比较维度	公司社会创业	传统意义上的企业社会责任
研究领域	创业、战略管理	管理伦理
行为表现与结果	为社会问题提供商业化的解决方案，通过社会企业形成"造血"机制持续地创造社会价值	履行经济、法律、伦理和慈善责任，贡献一次性或周期性的社会价值（如救灾捐赠或年度捐赠等）
行为特征与风险	将企业的资源用于社会价值的创造，风险较大	将经营利润的一部分拿出来"做好事"，风险较小
主动/被动	主动	主动/被动
行为主体与客体	各层次员工（社会内创业者，主体）/企业现有利益相关者之外的主体（客体）	通常是企业高层（主体）/企业主要的利益相关者（客体）

资料来源：戴维奇. 理解"公司社会创业"：构念定位、研究梳理与研究议程［J］. 科学学与科学技术管理, 2016(4)：35-44.

从定义本身来看,公司社会创业强调的是企业从社会问题中挖掘创业机会、将机会商业化从而解决社会问题的过程,关系到创业机会的识别、商业模式的设计、大企业的转型升级等,是创业和战略管理领域共同关注的问题;企业社会责任则强调企业在创造利润、满足股东利益的基础上承担起对于消费者、社区、环境等更为广泛的利益相关者的责任,是管理伦理领域的重要概念。两者所属的学术研究领域不同。

从价值创造的行为和过程来看,公司社会创业的独特之处体现在以下三个方面。

第一,"造血式"的社会价值创造。企业承担社会责任的行为表现为履行经济、法律、伦理和慈善责任,例如环境保护、慈善捐赠、保护员工权益等,大多社会责任产生的是一次性或周期性社会价值,缺乏自我更新与可持续发展的能力。而公司社会创业的主要活动是围绕为社会问题提供商业化解决方案展开的,在内部创业过程中往往会形成一套"造血"机制,以支撑社会项目的可持续运转,实现长期的社会价值创造。

第二,"高风险"的创业机会识别。从行为特征与风险来看,公司社会创业的本质是创业,具有创业活动的典型特征,即不确定性和资源约束,反映的是企业利用有限的资源识别社会创业机会并创造价值的过程。由于这种创业活动或多或少会改变企业资源的流向,影响其他业务的资源投入,因此公司社会创业呈现出较高的风险性。而企业承担社会责任往往是企业在获得利润后将其中一部分返还给社会,用以解决社会问题,并不涉及与创业相关的机会识别和利用,因此不会对其他业务的资源投入产生威胁,风险较低。

第三,"自组织"的内部创业模式。在公司社会创业中,企业扮演着识别和开发社会创业机会的角色,主动性较强;而在企业社会责任中,企业有可能出于自愿,通过捐款等方式承担慈善责任,也有可能迫于利益相关者的规制压力,不得不承担必要的经济责任、法律责任和伦理责任,因此,主动承担与被动承担并存。进一步地,从行为主客体来看,公司社会创业的主体可能是企业内部各级人员,自下而上与自上而下的方式并存,客体主要是企业现有利益相关者之外的主体,例如低收入人群等社会弱势群体;企业社会责任作为一种战略决策,通常由高层管理者发起和执行,其客体主要是企业直接的利益相关者,包括消费者、社区、政府等。

以上三个特征共同构成了公司社会创业创造社会价值的基本逻辑,即大企业通过创业机会识别和内部组织模式设计,将社会机会转化为社会价值创造,进而成为推动社会健康发展的强大动力。

（四）公司社会创业的关键要素与过程

如果将公司社会创业视为更加先进而有力的社会责任承担过程,那么如何推动组织转型以保障社会创业机会的识别和商业化成为企业家面临的重要挑战。奥斯汀(Austin)等通过对两家公司在社会创业实践方面领先企业的调研,归纳出了公司社会创业的五大核心要素:创造有利的组织环境、培养内部社会创业者、拓展企业宗旨和价值观、建立战略联盟、创造双重价值。[①]

要素一:创造有利的组织环境。作为一种创业活动,公司社会创业的顺利推行离不开管理者的创业思维以及有助于组织转型的创业环境。在传统企业中,管理团队完全由创造商业价值的人员组成;而当企业从事公司社会创业时,管理团队需要的是能够创造社会价值的成员,并且需要将社会导向的组织价值观渗透到企业的所有部门。组织结构和内部流程也需要随之转变,例如绩效指标、激励制度的调整等,这些内部流程扮演着"指导系统"的角色,有助于确保企业的活动围绕社会价值创造展开。管理者需要积极寻找和招募创业人才,将创造社会价值这一明确目标传递给他们,同时自身也需要积极应对变革带来的不确定性和高风险,共同构筑起支撑组织转型的创业环境。

要素二:培养内部社会创业者。公司社会创业通常由内部创业者发起和推动,他们以社会价值和商业价值的融合与统一为目标,推动组织转

---

① Austin J E, Leonard D, Reficco E, et al. Corporate social entrepreneurship: A New vision for CSR [M]// Epstein M J, Hanson K O. The Accountable Corporation, Vol. 3: Corporate Social Responsibility. New York: Praeger, 2005.

型和创新。内部社会创业者有以下典型特征。第一,他们积极拥护并且会不断倡导组织的价值观,强调将组织自身的利益与社会责任相结合,谋求长远的发展。第二,他们善于与其他员工沟通组织转型的原因和必要性,不安于现状,能够创造出新的解决方案,并且进一步催化组织变革。第三,在推动变革时,他们善于协调和调度内外部资源,通过调整利益分配方式和激励措施鼓励内部创业活动,支持而非领导其他成员的工作。第四,他们对组织所处环境有清晰的认知,能够精确计算成本并守住底线,而非以企业生存为代价追求社会价值创造。

要素三:拓展企业宗旨和价值观。吉利集团董事长李书福曾提道,一个企业的诞生、生存与发展,其目的不仅仅是产生较好的经济效益,而且要承担相应的社会责任,两者都很重要,缺一不可。[①] 确立正确的企业价值观是实现公司社会创业的关键所在。公司社会创业者需要将履行社会责任、创造社会价值作为重要组成部分纳入企业的使命与价值观当中,并渗透到企业运营的各个环节当中。此外,企业价值观中还需要注入对创业活动的支持,鼓励员工发挥企业家精神,将价值观转化为行动,用创造性的方法解决社会问题。

要素四:建立战略联盟。由于单一企业拥有的资源和能力有限,很多价值创造活动都是由企业与其他企业、政府或社区等组织合作展开的,这些战略联盟是实现公司社会创业的重要路径。对于内部创业者而言,创新地利用其非直接控制的资源来拓展能力以及相应的机会集,有助于企业突破资源约束,为长期存在的社会问题和经济问题提供新的解决方案,

---

① "一带一路"与全球型企业文化建设[EB/OL].(2017-05-14)[2022-05-21]. http://news.cnr.cn/native/gd/20170514/t20170514_523753965.shtml.

并将经济价值创造和社会价值创造更好地融合起来。当与外部合作伙伴建立战略联盟、共同创造价值成为一种制度惯例根植于企业文化当中时，企业将更容易吸引外部利益相关者，更有效地达成双重价值创造的目的。

要素五：创造双重价值。创业的本质就是突破资源约束，用创新的手段和方法来创造新的价值。那么，公司社会创业的目的是让企业的重心从最大化投资者回报向最大化利益相关者回报转变，这也意味着企业不仅需要创造经济和商业价值，同时需要创造社会价值。社会价值创造不应被视为独立或次要的评价维度，而是应该嵌入整套治理体系当中。例如，万向集团创始人鲁冠球始终坚持"以工促农"的理念，将让农村发展、让农业现代化、让农民富裕视作自己和企业的追求。为此，万向集团专设了"鲁冠球三农扶志基金"，通过影响力投资带动就业、农民增收和环境改善。"我们投资农业是让农民和我们一起赚到更多的钱，共同富裕。"在鲁冠球的领导下，万向集团将社会价值创造真正嵌入经济价值创造当中，以经营的思维做好了慈善。

奥斯汀等所归纳的五个关键要素支撑着公司社会创业项目的成长过程（见图5-2）。① 在社会创业机会识别阶段，内部社会创业者扮演着识别和捕捉社会创业机会的角色，推动着新解决方案的产生和组织变革的实现；在创业资源获取阶段，企业需要充分调度和利用外部资源，通过建立战略联盟的方式与利益相关者共享资源、共创价值；在公司社会创业项目成长阶段，实现社会价值与经济价值的融合、创造双重价值成为衡量项目

---

① Austin J E, Leonard D, Reficco E, et al. Corporate social entrepreneurship：A New vision for CSR ［M］// Epstein M J, Hanson K O. The Accountable Corporation, Vol. 3：Corporate Social Responsibility. New York：Praeger, 2005.

成长的关键,这一目标的实现也要求企业在人才选拔、管理团队决策等内部流程的设计上嵌入社会价值维度的考量。此外,公司社会创业项目的成功离不开有利的组织环境和宗旨与价值观的支持。库拉特科(Kuratko)等提出了五大组织层面因素对公司社会创业活动的影响,包括公司透明度、社会主动性、奖励、工作自由裁量权和时间可用性,发现当员工对这五个维度的评价较高时,企业更有可能推动内部社会创业活动。①

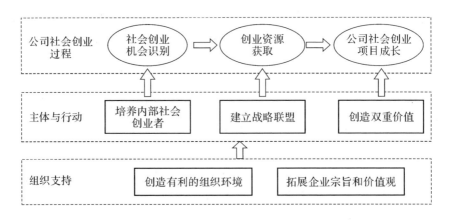

图5-2 公司社会创业的关键要素与过程

二、公司社会创业助力共同富裕

以创造双重价值为目标的公司社会创业能为社会和企业带来积极影响,其中对社会最显著的影响就是减少贫困,促进地区和产业高质量发

---

① Kuratko D F, Mc Mullen J S, Hornsby J S, et al. Is your organization conducive to the continuous creation of social value? Toward a social corporate entrepreneurship scale[J]. Business Horizon, 2017, 60(3): 271-283.

展。传统减贫方法的基本假设是穷人无法自助,依赖公共投资、补贴或其他慈善捐赠来解决未满足的需求。然而,市场化观点认为,贫穷并不是阻碍人们参与商业和市场交易的因素,企业通过公司社会创业以新的商业模式和可承受的价格为贫困地区提供产品和服务,有助于减少贫困、创造社会价值,公司社会创业的案例因而不断涌现。

作为一种以市场化手段解决贫困问题的举措,公司社会创业可通过激活 BOP 创业、驱动区域协调发展、数字技术赋能三种方式助力共同富裕。其中,BOP 创业直接解决了贫困群体的就业问题,为贫困群体创造了可观而稳定的经济收入;区域协调发展主要解决的是区域发展不平衡的问题,为落后地区产业转型升级和可持续发展注入了动力;数字技术赋能则打破了贫困地区地理位置和资源的约束,能够通过平台搭建更加高效地为贫困人群提供市场机会,加速共同富裕的实现。

(一)"造血式"激活基层创业

BOP 群体是世界上规模最大、最贫困的社会经济群体,这一群体主要位于发展中国家或新兴国家的农村地区。在我国,BOP 群体主要集中在三线以下城市以及广大乡镇农村地区。由于公共资源和基础设施匮乏、信息获取不平等、自身知识和技能不足等,BOP 群体往往无法获得基本的产品和服务,在健康、卫生、清洁饮用水、食品和农业、教育、交通、通信、金钱、能源、住所和法律支持等方面的需求较难得到满足。这些因素也导致他们的需求与其他群体有着显著差异,需要新的产品和服务来解决这些问题。

相较于政府或非营利组织,大型企业在利用现有资源解决社会问题上具有更高的效率,因此已成为解决 BOP 群体社会问题的主力军。公司社会创业的推进需要内部社会创业者跳出原有的解决方案,从 BOP 群体的独特需求中识别和利用创业机会,通过产品创新或商业模式创新来解决他们面临的社会问题,创造社会价值。对于企业而言,公司社会创业在改善贫困问题的同时,也为企业打开了面向低收入群体的市场,有助于企业建构合法性、进入新市场并创造经济价值。[①]

【案例 5-1】　海亮明康汇——"造血式"农业扶贫新模式

海亮集团成立于 1989 年,是一家聚集有色材料智造、教育事业、生态农业等产业领域的国际化大型综合企业集团。2012 年,海亮集团旗下生鲜农产品品牌明康汇成立,在全国建设了 17 个生态农业基地,以生鲜供应链为核心,成为集农产品研、产、供、检、销于一体的全产业链运营的集团公司。依托于全产业链运营的优势,明康汇开展了一系列产地农业精准消费扶贫活动,形成了"造血式"的"建始模式"和"一地一品"链式发展经验。

"建始模式"是在湖北省恩施土家族苗族自治州建始县的大山中摸索、孵化出来的。建始县原来是国家级贫困县,建档立卡的贫困村有 92 个。2018 年,在两地政府的牵线下,明康汇来到建始实地考察后发现,大山里隔绝的环境适合发展蛋鸡产业,于是与由建始 92 个贫困村联合组建的湖北建始滨建公司合作,共同建设起了现代化的蛋鸡养殖基地。在大山中深耕 3 年,明康汇逐渐打造出了一条"金扁担",一头挑起了杭州巨大的消费扶贫市场,每天超过 12 万枚富硒鸡蛋运抵杭州,200 多家明康汇社区生鲜店等待着这批鸡蛋上架;另一

---

① 戴维奇,王铱,林巧. 合法性视角下"公司社会创业"多案例研究[J]. 科技创业月刊,2021
(11):1-10.

头带动了当地 92 个贫困村的 8000 多户农户实现脱贫,在蛋鸡场周边,饲料加工、有机肥加工、畜禽屠宰、肉品加工、纸箱印刷、运输分销等"链上"企业不断聚集,解决了大量农民的就业问题。①

"一地一品"策略的提出更是反映了明康汇全产业链的精准扶贫模式。自 2013 年起,明康汇就陆续在陕西、云南等地投资高生态标准的种植、养殖基地,发现这种全产业链引入的模式往往能够"以点带面"助力当地特色农业发展。"一地一品"策略推出仅一年半的时间,明康汇已培育出覆盖 10 省(区、市)21 市的近 40 个特色农产品品牌,泸西小葱、金寨生姜、凉山野生苹果、宁夏硒砂瓜、阿坝州青脆李等均成为产品"金名片"②,真正实现了培育一个品牌、激活一片区域、壮大一个产业、带动一方农民。

明康汇产地农业精准扶贫的新模式取得了显著成效。截至 2020 年底,海亮集团消费扶贫项目累计投资达 47 亿元,其中消费帮扶部分直接惠及贫困户 38480 余户,累计聘用农户务工人员 180 万人次,间接带动农户就业 30 余万户。2021 年 2 月,海亮集团荣获"全国脱贫攻坚先进集体"荣誉称号,同年 10 月,海亮集团明康汇作为浙江省第一批"乡村振兴共同富裕典型案例"发布。2022 年 1 月,海亮集团被浙江省工商联列入八个助力共同富裕"民企样本"。

自明康汇成立至今,海亮集团已成功摸索出了公司社会创业助力共同富裕的新模式,利用其自身全产业链运营优势破解了贫困地

---

① 解亮,张梦月,周逸. 大山里"孵"出 2 亿枚鸡蛋 海亮集团的恩施故事在继续[EB/OL]. (2021-05-31)[2022-05-09]. http://www.hailiang.com/big/index.php/news/info/1124.

② 王燕平. 助力共同富裕,浙江省工商联发布八个"民企样本"[EB/OL]. (2022-01-12)[2022-05-09]. https://finance.sina.com.cn/china/gncj/2022-01-20/doc-ikyakumy16 35069.shtml.

区农业发展的困局，既帮助他们克服了地处偏远、交通和信息传输不便的劣势，也通过激发"链上"企业的涌现解决了贫困群体的就业问题，成为"造血式"农业扶贫的典范。通过"集体经营公司＋市场化运营"的合作模式，明康汇突破了社会创业初期资金不足、风险过高的约束，创新地整合了当地资源以支持产地农业的发展，打开了产品供应的新渠道，真正实现了社会价值与经济价值的融合。

（二）"开智式"驱动区域协调发展

在新发展格局下，为了实现共同富裕，区域发展政策已逐渐从"促进先富"向"带动后富""协调兼顾"转变。正如2021年发布的"十四五"规划纲要中所提出的，需要"深入实施区域重大战略、区域协调发展战略、主体功能区战略，健全区域协调发展体制机制，构建高质量发展的区域经济布局和国土空间支撑体系"。在此背景下，如何弥合区域发展差距、实现高质量协调发展成为亟待解决的社会问题。

大型企业在推动产业转型升级和区域协调发展方面具有独特的优势，能够实现企业经济目标与社会目标的有机融合。一方面，大型企业可以结合贫困地区的资源禀赋，发挥自身的产业优势以识别和利用创业机会，通过在当地投资建设基地等方式整合多方资源，驱动区域产业转型升级；另一方面，区域产业发展具有强大的辐射效应，在促进周边地区经济发展的同时为大型企业带来了广阔的市场空间，有助于大型企业做长做深产业链，形成清晰的战略布局。

【案例5-2】　吉利控股集团——"开智式"产业扶贫新模式

　　吉利控股集团(以下简称吉利集团)始建于1986年,1997年进军汽车行业,目前已成长为一家全球化的企业。在董事长李书福的带领下,吉利集团一直走在精准扶贫、助力共同富裕的前列。2016年3月,吉利集团启动"吉时雨"精准扶贫项目,秉承"把生产基地建设到哪里,就要把精准扶贫工作开展到哪里"的理念,助推产业转型升级和区域协调发展。

　　2013年2月,《国务院办公厅关于开展对口帮扶贵州工作的指导意见》发布,按照指导意见,杭州市对口帮扶黔东南州。总部位于杭州的吉利集团也开始思考如何发挥自身产业优势开展对口帮扶工作。贵阳市虽然是贵州省的省会,但截至2014年仍有150多个贫困村,当地就业、教育、消费等问题仍非常突出。鉴于贵阳有一定的汽车制造基础,吉利集团放弃了传统"输血式"扶贫模式,开拓了"产业+教育"的"输血再造血"的新模式。[①]

　　在产业方面,吉利集团2015年在贵阳投资建设吉利汽车部件有限公司,以整车制造基地支持贵阳市产业发展并拓展自身战略发展,提供直接就业岗位4200个;2018年,吉利集团向贵阳市慈善总会捐赠6335万元,用于试点建设"吉时雨"精准扶贫示范工厂,将工艺较为简单的零部件生产环节集中到了这家工厂。除8位由吉利集团派驻的管理人员外,普通工人几乎都来自建档立卡贫困户。工厂解决了100名左右贫困户家庭成员的就业问题,并为工人们开出4500元

[①]　戴维奇,王铱,林巧.合法性视角下公司社会创业多案例研究[J].科技创业月刊,2021(11):1-10.

的月薪,确保实现"一人就业,全家脱贫"。工厂投产后,吉利集团每年将利润的40%捐赠给贵阳市慈善总会,持续用于精准扶贫、乡村振兴,剩余60%用于工厂的再生产,吉利集团本身分文不取。

在教育扶贫方面,截至2020年底,吉利集团已投入超过4亿元,充分利用旗下5所院校的教育资源优势,围绕职业教育、硬件设施建设、师资培养、建档立卡贫困户学生资助等方面建立了完整的教育扶贫体系。2017年和2018年,吉利集团先后在张家口、贵阳和湘潭三地投入约1.4亿元,建设"吉时雨"精准扶贫技能培训中心,为贫困家庭的有志青年免费开展岗前技能培训,欢迎他们毕业后到吉利集团就业,推动了"教育＋就业"扶贫模式的进程。此外,吉利集团与百余所扶贫地区的职业技术学院合作开设了200余个"吉利成才班",招收建档立卡户学生2000余人,同时投入大量资金用于教学设备采购、师资培养及教学方案的提升,实现了帮扶合作院校和贫困生的双重效果。①

结合自身产业需求和优势,吉利集团因地制宜的扶贫工作成效显著。截至2019年6月,"吉时雨"精准扶贫项目已投入3.7亿元在全国10个省份20个地区开展扶贫工作,直接帮扶建档立卡贫困户超过1.4万户,解决超过4000人的就业问题。2017年,吉利集团被国务院扶贫办和全国工商联授予首批"全国'万企帮万村'精准扶贫行动先进民营企业";2022年1月,入选浙江省工商联发布的助力共同富裕"民企样本"。

在不断探索中,吉利集团将产业扶贫与教育扶贫相融合,形成了

---

① 第十四届人民企业社会责任奖候选案例:"吉时雨"精准扶贫项目[EB/OL].（2019-12-04）[2022-05-22]. http://gongyi.people.com.cn/n1/2019/1204/c431048-314897 96.html.

"开智"扶贫的新模式。在起步阶段,吉利集团利用贵阳市当地的资源禀赋,发现了公司创业机会,并结合自身产业优势,主要以"输血"的方式精准扶持贵阳市汽车产业发展;随着当地产业的不断发展和成熟,吉利集团创新地开拓了"输血再造血"的模式,将教育和就业扶贫纳入精准扶贫的重要举措,以"斩断"贫困代际传递,盘活农村的劳动力资源。这一模式也促进了吉利集团自身在贵阳的汽车项目的高质量建设,推动其在贵州开发新市场,实现了企业与区域的协同发展。

(三)"数字化"赋能共同富裕

在当下数字经济高速发展的背景下,传统生产要素对于经济增长的贡献越来越有限,数据、知识等新生产要素的地位日益凸显,数字技术已成为推动我国经济高质量发展的重要引擎。在推进我国共同富裕的进程中,数字基础设施建设和数字经济发展也起到了关键作用。数字技术打破了贫困地区地理位置和资源的约束,在贫困地区与外部市场之间搭建了桥梁,为贫困人群提供了广阔的创业、就业和市场机会。

大型企业可以充分发挥数字经济背景下的优势,把握和利用数字技术以加速共同富裕的实现。其一,数字技术促进了信息和知识在偏远地区的传播,缓解了信息不对称的问题。例如,在通信基础设施的支持下,大企业可以通过网络为偏远地区的学生提供优质的教育资源,提高其知识水平和专业技能,以助力家乡发展。其二,数字技术拓展了农民的资源获取渠道,解决了进货难、融资难的问题。例如,借助于电商平台和物流公司在农村地区开辟的线下配送渠道,农民能够以更实惠高效的方式采购物资。其三,数字技术带动了区域特色产业集群的发展,解决了农民就业和增收的问题。例如，我国已形成一大批电商产品产业集群，2021年"淘宝村"数量突破7000个，在提升贫困地区收入水平、消除区域发展不平等的问题上发挥了显著作用。

【案例5-3】 传化集团——"数字化"健康扶贫新模式

始创于1986年的传化集团是一家布局传化化学、新安化工、传化物流、传化产城四大业务板块的现代产业集团。传化一直以"责任"与"实业"为发展主线，2018年，响应党中央打赢脱贫攻坚战号召，董事长徐冠巨多次带队深入贫困村调研基层医疗需求，发现农村医疗设施硬件缺乏、村医医技能力不足、贫困人口就医难是地区发展的一大阻碍。于是，徐冠巨决定聚焦"两不愁三保障"中的医疗有保障，实施"健康扶贫行动"，创造出以"建室、助医、扶医"为特色的贫困村医疗扶贫新模式。

"建室"是传化集团健康扶贫的第一步。自2018年项目启动以来，传化集团聚焦深度贫困地区短板，在"三区三州"地区、滇桂黔石漠化区等地的14个国家重点贫困县（市），捐赠超过2亿元，援建了1037所"传化·安心卫生室"和1所"传化·安心卫生院"，协助解决了180余万名村民看病难的问题，其中建档立卡贫困村民有34万余人。得益于传化集团的捐助，14个县（市）村级卫生室的建设全部达到国家脱贫标准。①

在建成和完善卫生室硬件设施的基础上，传化意识到仅靠捐赠"建室"不足以解决贫困村的医疗质量问题，乡村医务人员不足、技能

---

① 泊伟. 传化集团创新扶贫模式 为脱贫攻坚筑健康之基［EB/OL］.（2020-10-21）［2022-05-22］. https://www.csgyb.com.cn/concerned/zhenzai/20201021/27574.html.

不足和待遇较低等更底层的问题依然存在。2019 年下半年起,为了培训"传化·安心卫生室"及周边卫生室村医,全面提升村医医技能力,传化联合北京中医药大学、浙江中医药大学,专门开发了"安心医家"平台。这一平台是集村医赋能、村医间社群、城乡医友互助网络、医疗问诊、村民慢性病管理等功能于一体的线上平台,在该平台上,村医可以不限时间、不限地点在线学习,结对城市医师,形成村医学习成长社群。

截至 2022 年 1 月,"安心医家"认证村医 1974 人,培训村医 9000 多人次,助力实现了"互联网 + "村医培训升级。此外,为了让村医安心工作,传化向"安心卫生室"的 1450 名村医每年各捐赠一份保额为 20 万元的人身意外保险,提高村医保障。① 2020 年起,传化集团"健康扶贫行动"的案例先后入选中央网信办"网络扶贫典型案例",世界银行、联合国粮农组织等 7 个国际单位发起的"全球减贫案例征集活动"最佳案例,获得"浙江省慈善奖"慈善事业突出贡献奖,2022 年入选浙江省工商联发布的助力共同富裕"民企样本"。

聚焦深度贫困地区的医疗问题,传化集团创造了健康扶贫的新模式,以数字化赋能贫困地区医疗水平的提升,有效助力解决贫困人群看病难、村医技能不足等长期根植于贫困村的社会问题。"安心医家"平台的搭建将城乡医生连接在一起,克服了由地理位置导致的信息不畅等问题,帮助村医突破了当地资源和知识的约束,大大提高了

---

① 刘文昭. 全链条帮扶乡村健康"守门人" 传化助力健康扶贫成果与乡村振兴有效衔接［EB/OL］.(2022-01-14）［2022-05-22］. https://county. hangzhou. com. cn/content/2022-01/14/content_8145252. html.

健康扶贫的效率。除了将数字化运用到健康扶贫上，传化集团还结合自身产业优势，实施了第一个服务贫困卡车司机的公益项目"安心驿站"，以"互联网＋"模式为司机互助提供支持；打造了智能物流平台，有效打通了中西部"最后一公里"物流通道，年运输农产品达2000万吨，带动就业200余万人，实现了以数字技术赋能共同富裕。

（四）助力共同富裕的民企样本

民营经济是促进共同富裕的重要力量，浙江正高质量发展建设共同富裕示范区，浙江的民营企业也在助力共同富裕的道路上不懈奋斗。除了本节中已提到的三家案例企业，还有大量民营企业正发挥着自身在利用现有资源解决社会问题方面的优势，通过公司社会创业促进经济与社会双重价值的创造。

2022年1月12日，浙江省工商联发布了助力共同富裕"民企样本"，娃哈哈集团、传化集团、正泰集团、吉利集团、富通集团、天能集团、万向集团和海亮集团等八家企业入选。这八家企业在激活基层创业、驱动区域协调发展和数字化赋能共同富裕等方面都起到了标杆性的作用。

表5-2是对这八家企业社会创业相关举措的梳理。

表5-2　共同富裕"民企样本"的社会创业举措

民企样本	公司社会创业代表性举措
娃哈哈集团	· 1994年，娃哈哈响应国家支援西部开发号召组建涪陵分公司，总投资1亿多元，对当地三家特困国企进行了投资改造、建设和运营，使涪陵公司3个月扭亏为盈。 · 2022年底，娃哈哈"产业造血"工程——文成项目正式具备全面投产能力，总投资接近5亿元，拥有4条生产线，带动地区食品加工业、交通运输业、彩印包装业的发展。

续表

民企样本	公司社会创业代表性举措
传化集团	· 2018—2020 年,传化集团在"三区三州"等地区援建 1037 所"传化·安心卫生室"和 1 所"传化·安心卫生院",服务村民 180 余万人。 · 2019 年起,传化集团联合浙江中医药大学附属医院开发"安心医家"平台,为近 5000 人次村医提供了远程培训。 · 投资 130 亿元打造智能物流平台,提升中西部地区生产与物资转运能力,有效打通了"最后一公里"物流通道,年运输农产品达 2000 万吨,带动就业 200 余万人。
正泰集团	· 2016 年,正泰集团旗下正泰安能投建浙江衢州龙游县移民新村芝溪家园,为农户打造"家庭绿色电站",每年为农户增加 50 多万元的光伏发电收入。 · 在百万屋顶富民工程的培育下,正泰安能在浙江、河南、山东、安徽等地建成了 50 万户农民屋顶光伏电站,累计发放收益 8 亿元,创造农村就业岗位 3 万余个;成立正泰光伏学院,打造了一支新时代新型农民运维技工服务队伍。
吉利集团	· 2016 年,吉利集团启动"吉时雨"精准扶贫项目,累计投入资金超过 4 亿元。 · 2018 年,吉利集团在贵阳试点建设扶贫示范工厂,工厂年纯利润 40% 持续用于精准扶贫和乡村振兴。 · 2019 年,吉利集团在张家口、贵州、湘潭投入近 1.1 亿元建设精准扶贫技能培训中心,资助建档立卡户学生近 1 万人次。
富通集团	· 2017 年,富通集团在兴合村投资 100 万元用于种植 1000 亩花椒和发展林下养鸡项目,覆盖兴合村 309 户 1330 人,包括建档立卡贫困户 224 户 965 人。 · 2018 年,富通集团立足西安市周至县资源和产业基础,积极培育和发展特色苗木产业扶贫项目,加大产业合作中的科技支持力度,投资 300 万元用于周至县竹峪镇鸭沟岭村、张龙村、丹阳村等地花卉、苗木种植。
天能集团	· 2019 年,天能集团在贵州成立了天能集团贵州能源科技有限公司,总投资 10 亿元,从事新能源电池和新能源材料的技术研发、生产销售、循环回收,通过"公司 + 贫困户""保底 + 分红"的利益联结方式共建扶贫产业园。 · 2020 年,天能集团在台江投产新项目,吸纳了 15 个少数民族的近千名台江籍员工在"家门口"就业。

续表

民企样本	公司社会创业代表性举措
万向集团	· 2000 年,万向集团成立万向三农集团,通过"三农"板块的产业投资促进工业反哺农业,帮助解决当地剩余劳动力的就业及增收,带动 40 万名农民脱贫致富。 · 2006 年,万向集团成为承德露露股份公司第一大股东,注资 2.7 亿元,因地制宜探索"企业 + 基地 + 金融机构 + 合作社 + 农户"的多元化市场机制扶贫模式,发挥杏仁产业对农民脱贫的带动作用。
海亮集团	· 2018 年,海亮集团在湖北建始县建设现代化的蛋鸡养殖基地,每天超过 12 万枚富硒鸡蛋运抵杭州,带动当地 92 个贫困村的 8000 多农户实现脱贫。 · 实施"一地一品"全产业链引入策略,培育出覆盖 10 个省份 21 个市的近 40 个特色农产品品牌,累计聘用农户务工人员 180 万人次,间接带动农户就业 30 万余户。

三、以公司社会创业促进共同富裕的对策建议

我国绝大多数社会企业仍处于初创期和成长期,总体规模偏小,仍面临资金不足、行业覆盖面较窄等一系列问题。如何发挥大型企业推动社会创新与创业的关键作用,引导大型企业通过公司社会创业形成"造血式"机制、持续地创造社会价值值得进一步的关注。对此,本节针对如何激发公司社会创业热情、助力共同富裕提出了以下建议。

建议一:创新多元主体合作模式,促进政府、企业、社会组织的协同价值创造。纵观全球社会创新与创业实践,大量成功的案例都发生在政府、企业与社会组织这三大主体的跨界合作当中。因此,本章建议:第一,大型企业需要厘清商业逻辑与社会价值之间的关系,重构企业与社会之间的共生机制,将可持续社会价值创造内化并融入企业发展战略当中,重塑

可持续的竞争优势。第二,政策制定者需要加强对制度落后地区的政策供给和制度建设,为大型企业创造"自上而下"的社会创业机会,利用大型企业在捕捉政策性机会方面的优势,促进公司社会创业项目的开展。第三,政府、企业与社会组织需要打破传统的相互分立的界限,发挥各方的信息和资源优势,以社会价值创造为共同目标创新多元主体合作模式,形成可持续的协同价值创造机制。

建议二:发展大型企业主导的公益创投,强化企业在促进高质量社会创业中的主体地位。随着大众对公益事业关注度的日益提升,公益创投的概念自 2006 年引入中国以来得到了快速的发展。公益创投改变了传统的捐赠模式,成为推动公益事业创新发展、解决社会问题的重要手段。然而,我国公益创投大多以地方政府、基金会等组织为主导,尚未充分挖掘大型企业的主体力量。因此,本章建议:第一,政府部门加大对大型企业主导的公益创投的支持力度,健全社会价值创造的评估体系,强化大型企业在促进高质量社会创业中的主体地位。第二,大型企业应立足自身优势,为社会企业提供资金、行业资源、运营管理等多维度的支持,通过公益投资构建以企业为中心的社会企业生态,实现生态化、可持续发展。第三,鼓励大型企业公益创投与地方政府公益创投合作,因地制宜地助推区域和产业的协同创新。

建议三:深化"技术＋公益"的公司社会创业模式,以产业数字化赋能共同富裕。在数字经济背景下,"技术扶贫"已成为公司社会创业的一种内在属性。数字技术的进步为解决长期存在的社会问题提供了多样化的解决方案,成为推动社会福利最大化和共同富裕目标实现的重要路径。作为浙江省的"一号工程",数字经济在缩小城乡数字鸿沟和区域差距、推

进浙江省共同富裕示范区建设中发挥着关键作用。因此，本章建议：第一，大型企业尤其是数字科技企业需要将社会价值嵌入产品开发以及内部运营流程当中，以社会价值创造牵引产品和商业模式的创新，深化“技术+公益”的公司社会创业模式。第二，传统制造业企业需要发挥自身产业资源优势，加速产业数字化进程，以产业数字化赋能区域协调发展和共同富裕。第三，政府部门需要进一步规范数字经济发展，引导大型企业正确利用数字经济的网络外部性，规避其自然垄断属性带来的危害，驱动“科技向善”。

第六章

社会创业生态系统与共同富裕

2021年10月,《求是》第20期刊发习近平总书记重要文章《扎实推动共同富裕》,指出:"要支持中小企业发展,构建大中小企业相互依存、相互促进的企业发展生态。"[①]企业发展生态,本质上是一种由各企业主体构建的平衡、协调、包容的社会创业生态系统。在该生态系统中,大企业作为领头羊,向中小企业开放资源、共享能力,以数据和资源赋能中小企业,发挥着引领、赋能的作用;中小企业在新的产业形态下实现快速迭代,创新成果通过创新链、供应链、数据链回流至大企业,为大企业乃至整个创业生态系统注入活力。总的来说,以企业为主体构建的社会创业生态为经济社会发展的平衡性、协调性、包容性和可持续性不断贡献力量,有力地促进了共同富裕。

共同富裕是第二个百年奋斗目标的核心,需要全社会为之共同努力。作为数字经济背景下最具创新活力、最具创新能力的市场主体,平台型企业更需要发挥数字技术的赋能作用,通过创新业态、创新模式构建创业生

---

① 习近平.扎实推动共同富裕[J].求是,2021(20):4-8.

态系统,激励基层群体积极参与创业活动,实现经济和社会双重价值。换言之,平台型企业是扎实推动共同富裕的中坚力量,它在探索如何"做大蛋糕"创造更多价值的同时,也努力做到了"做好蛋糕",探索如何通过塑造社会创业生态系统,精准赋能更多的基层人民创业能力,创造更多高质量的基于创业生态的共赢价值。本章从创业生态系统层面切入,关注到以大企业尤其是平台型企业为主体构建的社会创业生态系统对基层群体创业的赋能作用,探索出以社会创业生态系统全面推动共同富裕的路径。

一、社会创业生态系统

（一）社会创业生态系统的定义与结构

生态系统(ecosystem)这一概念源自生态学,指在特定时间、空间内,各生物及生物与环境之间,通过能量流动与物质流动的相互作用所形成的统一整体[①],具有系统性、整体性优势。对于社会创业生态系统,本书认为是由社会企业、政府部门、非营利组织等主体组成,以社会创业环境为支撑,以社会价值导向、互利共生共赢为原则形成的彼此依存、相互影响的动态平衡系统。该生态系统包含众多成员,可以划分为直接主体(主导社会企业)和间接主体(相关企业、非营利组织、政府部门、社会媒体、科研院校、中介服务机构等)两大体系。其中,主导社会企业作为直接主体,处于社会创业生态系统的核心位置,是相关社会创业活动的主要执行者,也

---

① 袁丹, 王冰, 郑晓芳. 社会创业生态系统构成及形成机理研究[J]. 农村经济与科技, 2016(24): 161-162.

是资源的主要提供者,具有选择、控制和领导生态内参与企业的能力;间接主体支撑了整个创业环境,是社会创业生态形成与演化的重要土壤,也是创业支持元素的提供者。由此可见,社会创业生态系统是在结构上以平台企业为主导、以大量互利共生组织为外围,在方式上以合作共生为基础、以资源互补为手段,在导向上以解决社会问题为核心并提供公益服务的社会创新体系。该体系内各要素通过不断联结、互动而形成自演化。①

　　在数字经济背景下,越来越多的社会创业生态系统由大型平台企业主导并构建,如人们所熟知的阿里巴巴、腾讯、美团、小米、海尔、滴滴、字节跳动等。在各自的社会创业生态系统中,核心平台企业发挥协调、整合作用,各创业主体通过不同方式加入生态系统,获取互补性资源,通过知识流、资源流、人才流的聚集和整合,与其他参与者实现协同生产、协同创新,共同创造更大的生态价值。在平台型企业构建并主导的社会创业生态系统中,由于双边架构、技术模块以及网络效应等特点的存在,平台型企业的创业生态系统可以容纳更多的组织和个人(尤其是无法触及创业资源的 BOP 群体)。同时,其数字基础设施为个体参与者提供了更多的异质性资源和能力,为其注入了创新活力与动力,使得个体参与者可以在创业生态系统中与核心企业、大企业等实现价值共创、利益共享、事业共荣,一起把蛋糕做大。相比传统的社会创业生态系统来说,平台型企业构建的社会创业生态系统更加开放、包容、创新,在助力共同富裕方面建立了机会公平和结果公平的共享机制。

---

① 汪忠,廖宇,吴琳. 社会创业生态系统的结构与运行机制研究[J]. 湖南大学学报(社会科学版),2014(5):61-65.

（二）社会创业生态系统的现状与挑战

根据发起主体的不同,可以将社会创业生态系统分为两大类,一类是由平台型企业主发起的,另一类是由政府发起的。其中,由平台型企业发起的社会创业生态系统主要是借助平台搭建的数字基础设施,让创业者或农民参与到社会创业活动中,包括但不局限于帮助农民使用电子商务平台销售产品,帮助某一产业集群将传统产品甚至非当地产品在线化,助力部分农民能人成为直播带货达人等;由政府发起的模式则更多是由当地政府搭建与创业相关的数字基础设施,颁布政策带动当地民众参与到社会创业活动中。当然,无论是哪种方式,社会创业生态系统都需要大型平台企业这样的关键主体参与其中,通过发挥平台模式的规模优势、范围优势与速度优势,为创业者提供良好的创业基础设施与创业支撑环境。

借助数字技术的渗透性、可供性等优势,以及平台模式的双边架构、网络效应等特点,平台型企业可以横跨多个市场领域,吸引多类支持型企业,构建起丰富的社会创业生态系统,从而帮助 BOP 群体实现减贫增收,并进一步助力实现乡村振兴。可以说,数字经济背景下,平台型企业主导的创业生态系统模式是走向共同富裕的重要路径之一,特别是大型电商平台企业创建并主导的创业生态系统,可以为更多受创业门槛桎梏的个体创业者提供大量创业机会并给予大量创业资源,突破创业的社会结构性瓶颈。根据中国人民大学劳动人事学院在 2020 年发布的《阿里巴巴全生态就业体系与就业质量研究报告》,2019 年阿里巴巴创业生态系统共带动个人就业机会近 7000 万个。其中,淘宝创业生态系统提供的个人就业机会为 5000 万个,相比前一年增加了 900 万个。在产业驱动方面,阿里巴巴集团以县域、乡域、村域为发展目标,建立了大量的"淘宝县""淘宝乡""淘宝村",利用大数据实现精准扶贫与有效赋能,构建起庞大的社会创业生态系统,帮助诸多基层群众实现了增收减贫。由此可见,诸如淘宝这样的数字平台可以通过数字技术搭建起完善的社会创业生态系统,降低创业门槛,帮助贫困居民建立创业孵化渠道或自我雇佣创业渠道。①

　　然而,在平台型企业构建的社会创业生态系统的发展过程中,也暴露出许多社会风险与不良现象。被诟病最多的就是平台型企业创建的社会生态系统存在着平台主滥用市场支配地位的行为。大型平台企业通过价格战、限制竞争等手段打压生态中创业企业、创业个体的现象屡禁不止。这些行为不仅损害了创业主体的利益,而且有悖市场公平竞争原则,严重抑制了产业链创新。《中华人民共和国国民经济和社会发展第十四个五年规划和2035年远景目标纲要》中多次出现"反垄断""反不正当竞争"等关键词,并提出要"依法依规加强互联网平台经济监管,明确平台企业定位和监管规则,完善垄断认定法律规范,打击垄断和不正当竞争行为"的行动指南。另外,平台企业构建的创业生态系统存在着平台主无序进入创业市场并挤压创业主体生存空间的行为。作为社会创业生态系统的核心主体,平台型企业有比较全面的视角观察平台创业活动的动态情况,依托资金、技术、数据、算法等优势,不断将业务触角伸向各个盈利较高的市场领域,通过"掠夺式并购"或"封杀"的方式挤压创业者的生存空间。

　　针对以上种种,本章认为,平台型企业在社会创业生态系统的治理与管理上,应做出反思和改进。习近平总书记指出:"企业既有经济责任、法

---

① Si S, Yu X, Wu A, et al. Entrepreneurship and poverty reduction: A case study of Yiwu, China[J]. Asia Pacific Journal of Management, 2015, 32(1): 119-143.

律责任,也有社会责任、道德责任。"①对于大型平台企业而言,更应该在促进实现共同富裕目标上善作善为、自觉担当,这也是平台型企业有效践行社会责任与道德责任的重要体现。为此,本书提出,平台型企业在塑造创业生态系统时要本着开放、协同、有序、平等的理念,建立健全良性的竞合关系,要为生态中的参与者(尤其是个体组织)高效赋能,以促进整个生态乃至社会的共同富裕。2021年2月,国务院反垄断委员会印发《关于平台经济领域的反垄断指南》②,其中特别指出,"平台经济发展涉及多方主体。加强反垄断执法与行业监管统筹协调,使全社会共享平台技术进步和经济发展成果,实现平台经济整体生态和谐共生和健康发展"。这一指南为平台型企业塑造良性、健康的社会创业生态系统提供了详尽的指导。

（三）社会创业生态系统对共同富裕的重要意义

党的十九届六中全会指出,要坚定不移走全体人民共同富裕道路。一方面,共同富裕要解决财富创造主体的问题。在推动共同富裕的道路上,企业是创造财富的核心主体,尤其是平台型企业,其长尾效应具有很强的普惠性,在规模经济、范围经济、速度经济三个方面创造的经济效益明显领先于传统企业。它们通过塑造创新创业驱动的社会生态系统,形成创新创业的"热带雨林",拉动中小企业、个体创业者协同发展,把创新创业的"蛋糕"做大,实现价值共创和利益共享。社会创业是一个通过创业为社会增加价值的过程,具有社会性、创新性、市场机会导向性三大特

---

① 习近平. 在企业家座谈会上的讲话[M]. 北京:人民出版社,2020:8.
② 国务院反垄断委员会关于平台经济领域的反垄断指南[EB/OL]. (2021-02-17)[2022-05-22]. http://www.gov.cn/xinwen/2021-02/07/content_5585758.htm.

点。具体来说,平台型企业构建的社会创业生态系统在本质上是为了创造社会价值,需要估计不同地区的不同群体,同时也要通过创新性、持续性的方式使整个社会获利,涉及社会福利系统的多个方面,最重要的是需要帮助创业群体(尤其是 BOP 群体)发现创业需求并提供创业方法。①

　　另一方面,共同富裕还面临着平台型企业如何激励相关者合作、共赢的问题。平台型企业构建的创业生态系统可以有效地激励基层群体,面对 BOP 群体实施"负责任创新"与"包容性创新",从而提升他们的生活质量并助力他们进行创业活动,实现全社会群体的创新价值共享。"负责任创新"倡导企业的创新活动要和社会责任密切结合,遵循以"责任"为核心、以满足社会需求和道德标准为基准的伦理价值观;"包容性创新"是指企业通过创新举措满足处于社会底层的低收入消费者的需求,在创造经济价值的同时改善 BOP 群体社会福利的包容性增长。在推进共同富裕的过程中,企业组织发挥了重要作用,尤其是平台型企业,可以充分发挥社会力量作用,整合各方创业资源,为 BOP 群体提供创业机会,围绕创新链、创业链、产业链三大类服务,为 BOP 群体提供孵化办公、投融资对接、创业辅导、技术支持等全链式创业孵化服务。② 此外,平台型企业还可以通过积极参与慈善公益,将创新的经济价值、社会价值融合起来,激发共同富裕内生动力,促进社会价值的可持续发展。

---

① 斯晓夫. 全面建成小康社会后,下一步如何推动共同富裕[EB/OL]. (2021-07-11)[2023-05-22]. https://www.jfdaily.com/staticsg/res/html/web/newsDetail.html? id=384190&v=1.0&sid=67.

② 徐美芳. 包容性创新:让更多人受惠[J]. 检察风云,2017(21):34-36.

二、社会创业生态系统助力共同富裕的四种模式

普拉哈拉德（Prahalad）和哈蒙德（Hammond）认为，BOP 模式的核心逻辑是企业开发高性价比且底层消费者喜闻乐见的产品，在提高 BOP 群体生活质量（减少贫困）的同时也可以帮助企业实现商业盈利。[①] 换言之，BOP 群体中存在大量未被满足的市场需求，蕴含着巨大的市场潜力，只要平台型企业创新性地通过商业模式、产品模式等满足该群体的需求，则既可以解决他们的贫困问题，又可以实现商业盈利，创造出经济、社会与环境等多元价值。

在共同富裕的宏伟目标下，社会创业生态系统与 BOP 群体创业的关联性应得到更多关注，即平台型企业创建的社会创业生态系统如何助力弱势群体参与生态价值共享，这是走向共同富裕的重中之重。传统 BOP 模式认为，BOP 市场蕴含着巨大的市场机会和财富机会，值得所有企业探索和撬动。甚至有学者提出，新创企业未来若想在市场上立足，要依赖大量低收入群体，将其作为目标消费群体。[②] 对平台型企业而言，其开放性、模块性特征使其可以吸纳更多的创业主体。如果平台型企业能够充分利用 BOP 市场的资源禀赋，为 BOP 群体提供平等参与创新创业的市场机会，则不仅能撬动金字塔底层的财富，而且能占领更大的市场。[③]

---

① Prahalad C K, Hammond A. Serving the world's poor, profitably[J]. Harvard Business Review, 2002, 80(9)：48-59.

② Prahalad C K. The Fortune at the Bottom of the Pyramid: Eradicating Poverty Through Profits, Revised and Updated 5th Anniversary Edition[M]. Upper Saddle River: Wharton School Publishing, 2009.

③ 邢小强，仝允桓，陈晓鹏. 金字塔底层市场的商业模式：一个多案例研究[J]. 管理世界, 2011 (10)：108-124.

平台型企业的模式是利用数字技术使人与人、物与物、人与物实现互联互通,并基于利益相关者所构建的价值网,实现价值共创及共享的模式。这种模式的基本特征是借助平台来探索价值创造路径,通过整合多边资源实现价值共创。在共同富裕原则的指导下,平台型企业依托数字技术设计全新的商业模式和创新模式,为BOP群体提供更多的创业机会,从而让他们参与到整个创业生态系统中,享受生态共创价值。换言之,平台型企业可以通过运用数字技术和数字平台,基于产品创新或商业模式创新,来达到服务BOP群体的目的。由于我国的数字基础设施较为先进,拥有一定数量的规模数字平台,所以在实现共同富裕的道路上,我国可以充分撬动这些数字平台的先天优势,利用它们构建的社会创业生态系统,更好地引领BOP群体开启创业活动并共享创业价值。

以阿里巴巴集团创建的"淘宝村创业生态系统"为例,它们为中国的减贫致富做出了重要贡献。2009年,全国只有3个"淘宝村";到2020年,"淘宝村"已发展到5425个。在数量迅猛增长的同时,"淘宝村"不断发展,不断向欠发达地区渗透,并呈现出集群化发展态势。阿里研究院的数据显示,截至2021年底,全国共有7023个"淘宝村",较上年增加1598个,增量再创新高,连续第四年增量保持在1000个以上。"淘宝村""淘宝镇"的发展为解决农村地区发展难题,缩小城乡差距,推进脱贫攻坚、乡村振兴、共同富裕做出了重大贡献。《2020—2021阿里巴巴集团社会责任报告》显示,2020年,阿里巴巴平台模式带动发展5425个"淘宝村"、1756个"淘宝镇",带动11万名农民主播开展近330万场助农直播,惠及近100万名老乡。过去,"淘宝村""淘宝镇"为农村地区提供销售农副产品、手工制品的机遇,提升贫困地区收入水平、缩小收入差距。如今,"淘宝村"

"淘宝镇"再出发,持续在乡村催生新的产业集群,实现多产业融合发展,促进县域数字化转型和高质量发展。

　　快手电商是平台型企业构建社会创业生态系统的另一个典型案例。快手以短视频起家,通过流量分发实现规模化的社交交互,其分发算法科学、公平、普惠,并非只聚焦于头部达人,大部分流量会分配给普通人,让更多人在短视频社区有展现的机会。正是基于短视频短、快、新的传播特性,近几年,快手逐步进入农业领域,成为共同富裕道路上的领航者。快手董事长曾在公开场合表示:"我们希望让短视频和直播成为助农新抓手,帮助更多农产品实现标准化、品牌化、电商化。"过去几年,快手电商平台帮助超过2000万名农民实现了脱贫致富,助力他们拍摄农产品短视频并链接到快手平台上销售,或者通过直播方式打开营销渠道。在过去几年的涉农实践中,快手看到了短视频市场对驱动共同富裕的明显效果,因此不断加大在乡村振兴、"三农"方面的投入。比如,快手在2018年发起"幸福乡村带头人计划",截至2020年11月,该项目已在全国范围内共发掘和扶持了超过100位乡村创业者,培育出57家乡村企业和合作社,提供超过1200个在地就业岗位,累计带动1万多户贫困群众增收,产业发展影响覆盖近千万人。[1] 从2021年1月到10月,快手电商平台有超过4.2亿个农产品订单直接从直播的农村生产基地发往全国各地,农产品销售额和订单量与上年同期相比基本翻番。由此可见,快手电商平台搭建了公平普惠的流量分发机制和高互动性的社区生态,能够为共同富裕带来巨大潜能。

---

① 姚亚奇."直播＋扶贫"让山货不怕"巷子深"[N].光明日报,2020-12-19(3).

（一）高质量"淘宝村"引领农村产业转型

从 2009 年到 2021 年,中国"淘宝村"走过了波澜壮阔的 12 年发展之路。从 2009 年出现的 3 个,到 2021 年共计 7023 个,"淘宝村"已经覆盖全国 28 个省(区、市)。毋庸置疑,"淘宝村"的数量增长充分说明这种模式是我国农村地区脱贫致富的重要路径。《1% 的改变:2020 中国淘宝村研究报告》的数据显示,截至 2020 年 6 月,我国"淘宝村"年交易额突破 1 万亿元,交易额过亿元的"淘宝村"达到 745 个。此外,有 474 个"淘宝村"在阿里巴巴旗下的跨境电商平台"速卖通"上向海外销售商品,年销售额合计超过 1 亿美元。"淘宝村"经过 10 余年的发展,为农村、农民、农业领域创造了五大价值[1]:①加大传统三大产业的紧密结合,为农村发展指引新方向;②将数据融入生产要素,产生新的生产力;③联动和协同各方降低搜索成本、交易成本,提高匹配效率;④推动了农民就业创业,解决了农村就业问题;⑤利用数字技术给农村带来了巨大的经济效益和社会效益。可以说,"淘宝村"和"淘宝镇"是具有中国特色的产物,其社会效益得到了验证和认可。

新情境下需要以全新的眼光进一步认识"淘宝村"的发展模式,不能简单地以营收、利润等增长指标来赋予"淘宝村"意义。例如,在共同富裕的目标下,"淘宝村"仅仅意味着产业兴旺这一单一目标吗? 包不包含生态宜居、乡风文明、治理有效、生活富裕等综合发展目标? 当前,以"淘宝村"为代表的乡村电商,其实只完成了第一条"产业兴旺",即发展规模的

---

① 阿里研究院.国务院原法制办公室副主任张穹:淘宝村创造了五大价值[EB/OL].(2020-10-05)[2022-05-26].https://www.sohu.com/a/422709754_384789.

起步。实际上,许多"淘宝村""淘宝镇"的迅速发展,得益于前期的市场红利,当市场饱和后,就面临着高质量发展的问题。那么,在现有的"淘宝村"模式下,如何找到除规模驱动发展之外的可持续发展道路,如何走向实现综合目标的高质量发展模式,值得人们深入思考。本章认为,当前的"淘宝村""淘宝镇"模式需要进行全面优化,以产业升级为抓手助推农村电商的高质量转型。

【案例 6-1】　浙江义乌青岩刘村的转型之路

青岩刘村是典型的城中村,位于浙江省义乌市江东街道。与其他村庄比起来,青岩刘村并没有特别之处,人口不算多,面积也不算大。2007 年,村里的第一家淘宝店开业。2009 年,青岩刘村与义乌工商职业技术学院展开合作,通过开办免费培训班,积极鼓励大家进行电商创业。此时,青岩刘村迎来第一个成批的电商创业群,一台电脑、一根网线、一间房子就能实现淘宝创业,成为名副其实的"中国淘宝第一村",开启了电商产业发展的 1.0 时代。青岩刘村的发展模式得到了验证。从创立之初到 2014 年,其人均可支配收入超过义乌市的 23%,直接带动了 8.5 万人就业,间接带动了约 30 万人就业。2014 年 11 月 19 日,时任国务院总理李克强夜访青岩刘村,称赞其在虚拟空间服务实体经济领域开拓了巨大的市场。[1]

随着电商产业的不断发展,青岩刘村逐步开始转型为"直播电商"的培育基地。[2] 在软件层面,青岩刘村大力提升了人才资源供

---

[1]　李克强夜访义乌"网店第一村"　鼓励员工创业[EB/OL]．(2014-11-20)[2022-05-22]．http://zj.cnr.cn/zjyw/20141120/t20141120_516811976.shtml.

[2]　《中国发展观察》杂志社调研组．青岩刘："网店第一村"演绎"双创"传奇[EB/OL]．(2019-10-30)[2022-05-22]．http://www.chinado.cn/? p=8494.html.

给。一方面,青岩刘村与义乌工商职业技术学院继续联手培养人才,打造全国首个大学生创业实验室,与高校共同培养电商创新人才;另一方面,青岩刘村积极整合全国各地的跨境电商平台讲师与高校人才资源,举办多种跨境电商训练营,不仅为当地的跨境电商产业输送了不少新鲜"血液",而且成为全国跨境电商创业人员的"梦工厂"。在硬件层面,青岩刘村也进行了大刀阔斧的改革。2018 年,青岩刘村完成了街区改革,也创办了电商双创园、跨境电商创业园等。此外,青岩刘村积极探索品牌化运营模式,就如何培育好品牌这一议题,专门成立了义乌市青岩刘品牌管理有限公司并进行深入探索。通过以上措施,青岩刘村建立了以直播电商带货为特色的引领基地,帮助传统实体企业和电商企业转型发展。

2020 年,面对新冠疫情对线下销售渠道和传统电商的影响,青岩刘村更加积极地谋求改变,大力引进和培育直播电商、社交电商。3 月,青岩刘村党支部投入资金,打造了多个"共享直播间",配备直播电商所需要的全套设备,24 小时免费提供给创业者。4 月,青岩刘村成为浙江省首个实现 5G 双千兆网络覆盖的村,保障电商直播的网速。2021 年,青岩刘村将更多目光聚焦在直播产业链的各个环节上,包括联动 MCN 机构(多频道网络机构)、物流、仓储、培训等,引入"五链合一"的理念,打造供应链、渠道链、服务链、人才链、政策链的闭环,让直播经济生态圈在青岩刘村落地开花。[①] 截至 2021 年 10 月,

---

① 浙江数字电商委. 青岩刘村发出"共富"召集令!"中国网店第一村"欲打造直播电商新型生态圈 [EB/OL]. (2021-10-15)[2022-05-22]. https://www. 163. com/dy/article/GMCICPO Q05118IAF. html.

青岩有大规模直播服务机构 10 家、明星主播 2000 多人，1000 多家创业主体开启直播电商贸易，累计开展电商直播 10 多万场，销售额突破 70 亿元，已经成功从传统电商村转型直播生态产业。如今的"中国淘宝第一村"已成功转型"中国网店第一村"，是电商创业企业的创新空间、孵化空间。

（二）新型"农户＋公司"模式盘活传统供应链

"农户＋公司"模式一般是由公司牵头，在原来的专业合作社基础上升级形成的。在该模式中，农户和公司协作，农户是核心，公司是"龙头"，农户投入劳动力和土地，公司投入技术、市场和资金，双方紧密协作成为市场主体。这种模式兼顾了双方利益，不仅可以吸引农户踊跃参与，而且能为公司带来最大化利益。

（1）农户是核心。在这种模式中，公司不仅要与农户签订最低保底收入协议，而且要在增值部分让农户"拿大头"。只有农户的利益得到最大化保障，他们才有做大产业规模、升级供应链的动力。

（2）公司是"龙头"。公司具有专业的市场运营能力，通过设定统一的要求和生产标准，对农产品流通实现集约化、标准化、规模化、高效化管理，为产业链提供一系列围绕市场的附加服务，实现产品的有效增值，从而保障合作模式的成本最小化与利益最大化。

从实践中看，这种产业联合体模式可以有效盘活传统供应链并放大富民效应。公司提供的专业化服务可以将农业生产领域的信息流、物流、资金流整合起来，打造从种植、生产加工到销售的完善的产业链，在订单、生产、包装、运输、售后上实现规模效应，从而降低生产成本，提升经济效益。在实际操作中,大中型生产加工或流通龙头企业可以构建产加销一体化、贸工农相结合的供应链一体化经营模式,形成龙头企业连基地、基地连农户的专业化、商品化、规范化生产经营格局。通过这种联动农户的模式,龙头企业可以有效连接市场、农户、农民专业合作社、生产基地等参与主体,通过结成风险共担、利益共享的供应链战略联盟,最大化激活供应链上创业主体的动能并保障其收益。在传统的产业链模式中,农户对农作物只进行了初加工并进行售卖,而农产品的大部分利润在供应链中被深加工环节获取,农户并不具备相应的专业技能与运营知识,无法实现农产品的有效增值,这也造成了"谷贱伤农"的现象。通过新型"农户+公司"的供应链战略联盟,农户可以聚焦专业化种植甚至小众的定制化种植,企业可以整合供应链资源,对接市场需求,保证农产品市场流通的顺畅。由此可见,"农户+公司"的模式能盘活传统供应链,既能提升现有农作物的价值,也能增加农民收入,带动农民共同致富。

【案例6-2】　浙江衢州"盒马村"的致富实践

　　浙江省衢州市衢江区杜泽镇的万亩水生蔬菜基地旁立着一块牌子,上面印有醒目的两行大字——"数字农业示范区　衢通天下盒马村"。2020年8月初,上海盒马网络科技有限公司与衢州市衢江区达成战略合作后,双方积极投入筹建工作,终于在3个月后,即2020年11月8日,浙江衢江盒马村·阿里数字农业示范区正式启动,一期面积1万多亩。盒马是阿里巴巴旗下的新零售平台,致力于为消费者打造线上、线下一体化的新零售服务,具有前沿的应用技术、完善的直采直销平台。衢州具有优越的生态资源和特色的农产品,双方的合作不仅进一步推动衢江农业的数字化、集约化,而且是数字乡村、智慧农业的全新探索，对衢江农民的共同致富具有深远意义。

"盒马村"是衢州市在共同富裕道路上的前沿性探索，是"千个项目富乡村"的重点项目之一。在建成的一期工程中，"一中心、两基地"的经济效益非常显著。其中，"一中心"指的是农产品加工配送中心，总建筑面积约为5300平方米，拥有6条生产线，共计投入800万元。配送中心的启动，意味着衢州的农产品搭上了沪杭菜篮子的快速列车，为衢州农业的配送供应链打开了新窗口，提供了规模化、标准化、常态化的新销售渠道。衢州市的农户可以依托盒马的大数据进行订单式生产，同时利用数字化技术加强农产品质量管理和安全管理。经过这一模式的推广，衢州市已经有92个农产品进驻盒马零售平台，还有40多个产品正在沟通洽谈。"两基地"是杜泽万亩水生蔬菜基地、富里万亩果蔬基地。这两大基地将全面采用数字化种植技术，通过可视化智慧服务系统、标准化日光温室、智能化温室工厂等技术，实现整个农产品供应链的全流程云端托管。①

以衢州山顶农业开发有限公司为例，他们在2020年8月初与"盒马鲜生"签下了战略合作协议，双方将开展合作，为当地的茭白产业提质升级奠定基础。在传统的农产品销售模式中，农户的销售渠道存在散、小、难的问题，尤其是对于茭白这种对时效性要求较高的蔬菜，更需要稳定的销售渠道，才能保障产品的质量。与盒马平台合作后，衢州的茭白产业与市场实现紧密接轨。在生产方面，通过大数据提供的预测销量订单安排种植生产计划；在采购方面，每天上午10

---

① 衢江发布.牛！国内最大的盒马村落户衢州，农户钱袋子将越来越鼓[EB/OL]. (2020-11-09) [2022-05-22]. https://www.sohu.com/a/430607458_726842.

点,上海盒马总仓就会发来第二天的采购订单;在采摘方面,所有的采摘数据都进行了标准化,如长度控制在 28 厘米,叶子要剥至最后一层;在配送方面,茭白采摘 2 小时后就进入冷库,并全程冷链配送到上海盒马总仓。通过这样的合作模式,衢州茭白的销量稳步上升,从最初的一天 1000 份,到高峰期达到 8000 份,茭白产业走上了提质升级的致富之路。①

(三)"平台 + 微粒"赋能个体创业能力

"平台 + 微粒"是以平台为载体,以基层个体为对象,通过搭建数字化基础创业设施,赋能个体灵活创业能力的模式。在该模式中,政府可以大力引进电商平台、创业平台等企业,让基层群体参与到平台中,利用平台基础设施,解决农产品销路问题、创业动能问题。一方面,将平台企业引入乡村后,可以为农民拓展线上销售渠道,通过简单、方便、透明的交易方式让农产品享受平等待遇,也让农民在市场交易中获得最大化利益。另一方面,这些平台企业还可以解决农民的非正规创业资质问题,调动农民主动参与创业的积极性。从操作层面来看,政府是关键主力,需要具有吸引力的条件引进平台企业,其他相关部门同样要出谋划策,为此出力。例如,宣传部门要与主流新媒体构建战略合作关系,培养不同特色的"网红部队",让当地的农村创业者具备自己的特色,凭一部手机就可以实现网上创业、网上直播卖货等,这不仅解决了农副产品的销售难题,也提升了创业者的收入。在数字经济背景下,创业活动的门槛大大降低,乡村创业

---

① 于山. 衢州与"盒马鲜生"共建农业示范区,茭白产销用上大数据——"美人腿"走上升级路[N].浙江日报,2020-10-27(8).

赋能需要紧紧依托"互联网＋"、大数据等新技术,借助农村地区通信、网络、物流等电商基础设施建设,通过电子商务平台和创业创新平台,充分激发农民创业创新动力,用"放下锄头拿起鼠标""走出田野走进网络"的新思想、新理念鼓励他们,形成以农民为创业主体,以行政村为创业主战场,以电商孵化园和电商产业园为主阵地的平台赋能创业模式。

【案例6-3】 浙江宁海上线乡村数字赋能平台

2022年5月20日,浙江宁海"艺起富"乡村数字赋能平台上线,当地10多个村庄抢先入驻。"艺起富"平台由宁海艺起富科技有限公司独立投入400万元开发而成,具备"云上驻村""智慧导览""业态商户"三个模块。该平台通过与宁海下属的不同村落捆绑,赋能它们盘活闲置资源并运营文旅产业,提高乡村文化活动的品牌溢价,提高经营性收入,让村民在家门口就能实现创业。创办此平台的起因是,当地政府发现许多村庄都具有创业潜能,例如,闲置的文化资源、手工艺术家等,但是这些村民的创业能力十分欠缺,因此资源都被浪费了。平台的上线有效连接了当地资源与外界需求,外地的旅客通过手机屏幕就能了解到宁海的游玩项目、民宿、农家乐等,并在线预订服务。此外,村民们也可以在这个"生活文化服务平台"上发布自己的特色产品,甚至进行内容创作(如推荐景点、撰写故事等),实现多元化的创业。其实,在2022年的"五一"假期,该平台通过灰色测试版本进行了一波试运营,效果显著,引流人数近4万人,营业收入近60万元。基于如此赋能效果,"艺起富"数字赋能平台接下来还要不断完善。例如,完善创业赋能机制,构建"4＋X"的陪伴式创业模式,即为每个家庭的创业活动配备一位设计师、一位创业导师、一位

运营官以及 X 位个性需求人员。围绕村庄主题,将每个家庭的创业
活动打造出不同特点,形成特色创业家庭,从而构建家庭微品牌集
群。通过数字平台的创业赋能,乡村振兴可以激活每一位村民的创
业能力,通过"抱团发展"实现整村致富。①

(四)互联网企业组团"下乡"输送创业基础设施

在全国推进乡村振兴时,互联网企业纷纷下沉农村,把创新的技术模
式与前沿的市场信息带到欠发达地区,实现新模式、新业态与传统产业的
有效结合,发挥乡村振兴"加速器"的重要作用,多家互联网企业已就参与
全面推进共同富裕做出表态和承诺。以浙江省的龙头互联网企业阿里巴
巴为例,2021 年 9 月 2 日,"阿里巴巴助力共同富裕十大行动"正式启动,
宣布将在 2025 年前累计投入 1000 亿元,助力共同富裕。在这"十大行
动"中,有三项是围绕农村区域的,包括助推农业产业化建设、促进城乡数
字生活均等化、支持基层医疗能力提升等。此外,腾讯在 2021 年 4 月 19 日
宣布投入 500 亿元资金作为"可持续社会价值创新"项目的启动资金,
8 月 18 日宣布增加 500 亿元作为"共同富裕专项计划"的启动资金,聚焦
低收入人群的基础医疗体系建设、教育均衡发展等领域。② 互联网企业组
团"下乡"这一举动,对农村市场实现共同富裕的驱动效应主要体现在人
才培养与技术输送这两个方面。一方面,互联网企业具有深厚的技术知
识与大量的人才资源,可以通过成熟的培训体系为农村地区培养技术普

---

① 孙吉晶. 浙江宁海上线乡村数字赋能平台 甬凉两地 10 个村庄抢滩入驻[EB/OL]. (2022-05-
20)[2022-05-28]. https://difang.gmw.cn/nb/2022-05/20/content_35752215.htm.
② 李维康.互联网大厂这样助力共同富裕和乡村振兴[EB/OL]. (2021-09-06)[2022-05-08]. https://
www.nfncb.cn/a10965/10965.html.

惠人才,主要面向县域中职学生进行职业规划,培养他们的兴趣和技术能力;另一方面,互联网企业可以向乡村派驻乡村振兴技术官,通过"送技术下乡"的模式为县域提供技术保障、技术培训、技术支持,为乡村提供更有力的技术人才支撑。由此可见,互联网企业组团"下乡"是实现共同富裕的重要可拓展路径,也是数字经济背景下的新创业模式。

【案例6-4】 浙江联通助力对山村走上致富之路

对山村位于浙江西部山区,是个经济薄弱的小山村。2018年底,浙江联通根据政府要求,与对山村形成一帮一结对。当时,浙江联通的党委工作组在驻村调研时发现,当地的水蜜桃非常好,但是因为信息不发达而面临销路无门的困境。为了解决这一问题,浙江联通组织众多技术骨干,迅速铺设了一条从对山村中心区域到联通基站的2公里左右的光缆专线。同时,浙江联通还投入资源,帮助对山村搭建了乡村直播间、网上销售门店等,为水蜜桃产业的网络直播奠定了技术基础。2019年,浙江联通为对山村精心策划了一场网络直播,短短2小时,观看人数达到了80多万人次,点赞次数接近500万次,在线售出3000多箱水蜜桃,后续又带动售出4000多箱。这一次网络直播,实现直接增收40余万元,同时让对山村的水蜜桃在网络上一炮而红。2020年,浙江联通再次帮助对山村开展线上营销活动,通过"种桃得桃"等互动活动、"抽奖秒杀"和"购物津贴"等经济帮助措施,实现超过4000万人的互动点赞,带动水蜜桃销售9000余箱,让对山村的水蜜桃走向了全国。2021年,在浙江联通多场网络直播宣传的帮助下,对山村的水蜜桃品牌打响,已经有更多的销路联系对山村。村里300多户农户种植桃子,基本实现了家家都有"致富果"的场景,人均年收入提升到 1.6 万元。

　　浙江联通不仅在技术基础设施上帮助对山村,而且在产业基础设施上也投入了大量资源。浙江联通与当地政府协同合作升级桃产业,在打造良好的品牌文化的同时,将农业种植、销售、加工等供应链环节与乡村旅游等文化产业结合起来,形成产品、文化"两条腿"走路。一方面,引入新的水蜜桃品种,积极推进桃产业与互联网的深度融合,开发桃花酒等衍生产品;另一方面,深度挖掘桃文化,连续三年举办桃花节等活动,促进农业与旅游业的融合发展,助力将对山村打造成具有桃文化特色的"醉美乡村"。① 由此可见,浙江联通在下乡过程中,不仅帮助对山村实现了产业升级,而且为对山村注入了新的"智慧基因"。

三、完善社会创业生态系统的对策建议

　　共同富裕提倡"为人民创造普惠公平条件,给更多人创造致富机会",从该含义上看,平台型企业构建社会创业生态系统需要满足以下三个理念:一是强调全社会群体的价值共创和利益共享;二是鼓励大范围的负责任创新和包容性创新;三是提倡经济价值和社会价值的融合。围绕以上理念,平台型企业可以通过四种具体的模式构建健康的社会创业生态系统,塑造良好的创新创业环境,激发基层群体的创业动力并赋予他们创业能力,从而实现全社会群体的价值共享。

---

① 吴佳丽.蜜桃串起乡村振兴"共富"梦——浙江联通助力对山村走上致富之路[EB/OL].(2021-08-13)[2022-05-28]. https://www.cnii.com.cn/gxxww/rmydb/202108/t20210811_300665.html.

社会创业：共同富裕的基础力量

德鲁克认为,企业是"社会的器官",企业创造的社会价值决定了其存在的真实意义。面对共同富裕的宏大目标,平台型企业更应发挥数字技术所具有的收敛性、可拓展性、自生长性、模块性的规模优势、范围优势与速度优势,鼓励其参与到社会创业生态中,通过借助生态内创业基础设施并联动其他创业主体,激发他们的创业动能并提升其创业能力,突破基层人民的创业瓶颈,创造实实在在的社会价值,为推进共同富裕做出贡献。由此可见,社会创业生态系统是改善经济结构、推动产业升级的动力引擎,是释放民智、保持经济稳定增长的活力之源。为保障四种助力共同富裕的新模式能够顺利落地,本章认为应配套实施如下相应政策。

建议一:夯实社会创业生态系统的基础设施,加强公共服务平台建设。基础设施包含创业服务平台、公共服务平台等,是基层人民开展创业活动的根基。一方面,要加强共享创业服务平台建设。统筹规划、科学布局创业场所,积极推进建设低成本、便利化、开放式的众创空间,为基层群体提供创业要素。另一方面,要完善创业相关的公共服务。以政府和社会资本相结合的模式,支持龙头企业和新型农业经营主体共同开展土地整治、高标准农田建设以及推进农业装备智能化,统筹规划建设农产品加工基地、农村物流网络体系和农产品网络营销平台等农村创业公共服务平台。

建议二:完善社会创业生态系统的相关优惠政策,营造良好的创新创业环境。政府应针对创业生态系统涉及的各个领域(土地使用、融资贷款、人才引进等),出台相应的优惠政策。例如,在融资渠道方面,建立"银政企"三方联席机制,从担保方式、贷款额度、还贷时间和抵押物范围等方面加大对农村创业主体的信贷支持力度。如支持大型企业为其结对的农户提供贷款担保,推动厂房、种植大棚、大型农机器械产权抵押贷款等。针对不同创业主体,综合运用直接补贴、政府购买、定向委托、以奖代补、先建后补等方式予以财政支持,或者按照相应条件给予税收优惠政策。

建议三:构建统筹城乡的创业人才资源服务网络,以平台生态赋能高质量创业。一方面,要做好创业人才的培育和引进工作,在各乡镇(街道)和全部村(社区)建立人力资源分市场,构建统筹城乡的创业人才资源服务网络,为农村创业致富提供"牵线搭桥"和"保姆式"服务。通过科技特派员制度、高校毕业生"三支一扶"计划及其他奖励激励措施,引进各类高端专业人才创办领办各类新型农业经营主体,或者通过任职兼职及对口联系制度,提高农村创业主体经营管理水平。另一方面,要打造创业培训平台,通过实施"授渔行动"提高基层群体的创业技能。以提高返乡人员的创新创业能力和培育新型职业农民为重点,高标准规划建设创新创业实训基地和农民职业技能培训基地,结合各类线上教育平台,针对各地产业发展定位开设特色院系,培养农村创新创业所需的技能型和应用型人才。

第七章

推进基层创业的政策设计

面向共同富裕这一重大社会问题，社会创业要充分发挥社会各方力量，激活 BOP 群体内生的创新创业动力，并筑牢共同富裕的"堤坝"。政策供给是实现共同富裕的强有力支撑，要推进激活、引导、鼓励社会各方积极参与 BOP 群体创新创业的政策设计，树立 BOP 群体的创业思维，提升其创业素养，形成配套且高效的 BOP 群体创新创业的制度、技术、资源、金融、渠道、信息服务等全方位的创业要素供给体系。

本章首先对国家层面、浙江省及辖区 11 市的共同富裕政策进行梳理，明确关于 BOP 群体创业政策供给的基本现状与不足。其次依据创业潜力和能力差异将 BOP 群体细分为"无潜力、无能力""有潜力、无条件""有潜力、有能力"三大类，提出针对这三类 BOP 群体创业的政策设计的整体框架和设计思路。最后结合我国二元经济结构特点，并以个体、公司、生态系统作为政策落地的着力点，设计激活各社会主体投入 BOP 群体创新创业的政策。在前文提出推动共同富裕的三大路径——农民创业、公司社会创业和社会创业生态构建——的基础上，本章进一步强化了社会创业是共同富裕的基础力量这一核心观点，为如何通过社会创业激活基层群体、推进共同富裕提供了政策参考。

一、浙江省关于基层创业的共同富裕政策现状

自中共中央、国务院出台《关于支持浙江高质量发展建设共同富裕示范区》①文件以来,浙江省各级、各区域、各政府部门积极响应,在省级高质量发展建设共同富裕示范区指导框架下,先后出台了对应的共同富裕政策。在这些共同富裕政策中,BOP群体作为重点被关照对象受到了政策的广泛关注,激活其创业潜力是促进其收入增加的重要举措。

本节主要聚焦浙江省共同富裕政策中关于BOP群体创业的政策内容,识别这些政策关注BOP群体的类型、政策重点、区域间差异等典型特征,勾勒政策的现状,并进一步明确当前关于激活BOP群体创业政策存在的不足,为后续提出解决思路和"强优势、补短板"的具体政策奠定基础。

(一)基层创业的共同富裕政策概况

首先,以共同富裕为关键词在国家、浙江省及其辖区11市的政府官方网站进行初步检索②;其次,根据政策文件内容的相互引用关系进行关联检索③;最后,在搜索网站进行泛检索,获得55个关于共同富裕的政策文件,筛选得到涉及BOP创业的政策文件22个,将与BOP群体创业相关的政策举措提炼整理如表7-1所示。

---

① 中共中央 国务院关于支持浙江高质量发展建设共同富裕示范区的意见[EB/OL].(2021-05-20)[2022-05-28].http://www.gov.cn/zhengce/2021-06/10/content_5616 833.htm.
② 尽管其他省(市)政府也有涉及共同富裕的相关文件,但这类政策文件的主要靶向并不是共同富裕,故而本章只选择建设共同富裕示范区的浙江省作为政策数据收集的来源省份。
③ 一般下级政府在出台某个具体政策文件时会在文件开头注明颁布该政策的目的,其中往往会说明是对某个上级政策文件的响应。

表 7-1 浙江省共同富裕政策中关于 BOP 群体创业的典型政策

政策范围	发布机构	政策标题	关于 BOP 创业的政策措施
浙江省	中共中央、国务院	《中共中央 国务院关于支持浙江高质量发展建设共同富裕示范区的意见》	1. 大力提升自主创新能力。以创新型省份建设为抓手，把科技自立自强作为战略支撑，加快探索社会主义市场经济条件下新型举国体制下展科技创新的浙江路径。畅通创新要素向企业集聚通道，鼓励企业组建创新联合体和知识产权联盟，建设共性技术平台。2. 激发各类市场主体活力。完善产权保护制度，构建亲清政商关系，促进公有制经济健康发展和非公有制经济人士健康成长，破除制约民营企业发展的各种壁垒，建立企业优胜劣汰机制。3. 推动实现更加充分更高质量就业。强化就业优先政策，坚持经济发展就业导向，扩大就业容量，提升就业质量，促进充分就业。支持和规范发展新就业形态，完善职业技能培训资金，合理安排就业补助资金，多渠道灵活就业的保障制度。统筹各类公共就业服务体系。鼓励返乡入乡创业。完善重点群体就业支持体系，帮扶困难人员就业。创造公平就业环境，健全统筹城乡、消除户籍、地域、身份、性别等影响就业的制度障碍，深化构建和谐劳动关系，推动劳动者通过辛勤劳动提高生活品质。
浙江省	浙江省经济和信息化厅	《浙江省经济和信息化领域推动高质量发展建设共同富裕示范区实施方案（2021—2025 年）》	推进小微企业园建设。完善绩效评价和星级评定标准，支持创建一批高星级园区和数字化示范园区。对接金融机构，加大对山区 26 县小微企业园建设的融资支持。到 2025 年小微企业园动态保持在 1200 个以上。
浙江省	中共浙江省委、浙江省人民政府	《浙江高质量发展建设共同富裕示范区实施方案（2021—2025 年）》	实施农民致富增收行动，完善企业与农民利益联结机制，培育 10 万名农创客，激活闲置农房 10 万幢以上，推进万户农家旅游致富计划，深入实施乡村百万工程，引导百万户顶光伏工程，引导农户自愿以土地经营权、林权等入股企业，带动农民就近就地创业。

续表

政策范围	发布机构	政策标题	关于BOP创业的政策措施
浙江省	浙江省农业和农村工作领导小组办公室、浙江省农业农村厅、浙江省乡村振兴局	《农业农村领域高质量发展推进共同富裕行动计划(2021—2025年)》	1. 积极培育新型农业经营体系。构建新型农业经营主体＋"三位一体"合作经济组织的现代农业经营体系，促进小农户和现代农业发展有机衔接。深入推进百万高素质农民培训工程和万家新型农业经营主体提升工程，制定支持农业龙头企业做大做强政策，省级农业龙头企业达到1000家左右。大力发展农业产业化联合体，强化新型经营主体与农户利益联结机制，农业产业化组织带动农户比重提高到80%左右。启动实施农业适度规模经营促进计划，推广生产托管、代耕代种等服务模式，提高规模化农业生产社会化服务组织，推行土地流转风险保障金制度，提高规模化农业经营水平。 2. 开展农业农村投资"一件事"＋"明白纸"集成示范试点。统筹整合涉农资金，制定土地出让收入10%以上用于农业农村具体办法。率先建立农业农村投资管理数字化平台，重点围绕高频次投资事项场景，编制好农业农村"明白纸"，打造农业最优投资营商环境。深入推进农业保险提质增品扩面。健全涉农金融机构和涉农产品体系，推广"无感授信""整村授信"模式。以"标准农地"和"两区"等为主平台，加大农业重大项目招商推介，建设1000个以上打基础、增后劲的重大项目。 3. 探索宅基地"三权分置"更丰富的权能实现形式。开展宅基地和闲置农房盘活利用，鼓励农村集体经济组织及其成员通过自营、出租、入股、合作等方式，盘活农村闲置宅基地和闲置农房，发展乡村新产业、新业态，盘活农村闲置农房10万幢以上。

147

续表

政策范围	发布机构	政策标题	关于 BOP 创业的政策措施
杭州市	杭州市人民政府残疾人工作委员会	《杭州市高质量促进残疾人共同富裕行动计划(2021—2025年)》	优化残疾人就业结构。建立政策正向引导和激励机制，完善并落实残疾人就业创业扶持办法，落实低保残疾人就业3年鼓励期和1年渐退期政策，构建以竞争性为主体，以支持性、庇护性为补充无分就业新格局。建立残疾人高质量就业评价体系，加强对残疾人就业环境的监测和评价。
杭州市	中共杭州市委、杭州市人民政府	《杭州争当浙江高质量发展建设共同富裕示范区城市范例的行动计划(2021—2025年)》	1. 推动实现更加充分更高质量就业。坚持以创业带动就业，健全城乡的就业公共服务体系，努力增加大学生创业岗位和创业机会，力争累计培育新增就业125万人，新增大学生创业企业10000家。支持和规范发展基于互联网平台的新就业形态，探索完善快递小哥、网约车司机、网络主播等新业态从业人员劳动权益保障机制，促进多渠道灵活就业。2. 全面落实居民收入和中等收入群体双倍增计划。推动工资合理增长，落实最低工资标准与经济增长、社会平均工资增长双联动机制，健全企业工资集体协商和集体合同制度，全面拓宽城乡居民财产性收入渠道。
金华市	中共义乌市委、义乌市人民政府	《义乌以数字化改革锻造高质量发展建设共同富裕示范区成功案例方案（2021—2025年)》	1. 创业创富走在前列，形成橄榄型社会结构的实践案例。数字化全生命周期创业赋能体系更加健全，创业创富效能无分释放，市场主体总量超过100万户，继续居全省第一。2. 推动实现更加充分更高质量创业就业。深化"创业一件事"改革，优化"人才通"数字化场景应用，全国创业化集聚中心，为创业者提供政策完善、服务智能的创业生态环境。充分挖掘信息光电、直播电商等新产业，新业态、新模式就业增长点，发挥创业担保贷款政策扶植作用，完善高等教育毕业大学生、退役军人、农民工等重点群体就业支持体系，实现创业"环境赋能"和"能力赋能"，创业担保贷款3亿元以上，扶持大学生创业1万人以上，高校毕业生创业率达到8%以上。

续表

政策范围	发布机构	政策标题	关于BOP创业的政策措施
金华市	中共金华市委、金华市人民政府	《金华高质量发展推进共同富裕先行示范实施方案（2021—2025年）》	1. 完善大学毕业生、退役军人和农民工等重点群体就业支持体系，引导和鼓励高校毕业生到城乡社区就业创业，加强就业困难人员培训，托底安置和帮扶，确保零就业家庭动态清零。 2. 实施农民致富增收行动，完善企业与农民利益联结机制，推进乡村屋顶光伏工程，培育万名农创客，激活万幢闲置农房。 3. 构建新型农业经营主体＋"合作经济组织的现代农业经营体系，建立小农户与现代农业有效衔接机制，打造"三位一体"农合联改革示范市。
宁波市	中共宁波市委、宁波市人民政府农业农村工作领导小组办公室、宁波市农业农村局、宁波市乡村振兴局	《共同富裕乡村建设行动方案（2021—2025年）》	1. 实施农民收入倍增共富行动，建立健全先富带后富实现机制，推动相对薄弱村和低收入群体收入同步实现现代化，拓展农民增收渠道，实施农家旅游致富、乡村屋顶光伏等工程，支持农村能人带动农民合作创业，农民收入中的经营性收入和财产性收入实现倍增。 2. 推进"两进两回"，支持建设各类农村创业创新园区，孵化新同区，每个区县（市）建成1个以上大学生创业实训基地，全市建设农场等，每个区县（市）建成1个以上大学生创业实训基地，全市培育1万名农创客，辐射带动10万农民。组建市县两级农创客联合会，探索设立农创产业基金，为农创客提供创业补贴和税收减免政策。
宁波市	中共宁波市委、宁波市人民政府	《宁波高质量发展建设共同富裕先行市行动计划（2021—2025年）》	以就业促进增收机制更加健全，劳动报酬与劳动生产率提高基本同步，中等收入人群规模不断壮大，家庭年可支配收入10万—50万元的群体比例达85%，20万—60万元的群体比例达48%。

续表

政策范围	发布机构	政策标题	关于 BOP 创业的政策措施
温州市	温州市洞头区农业农村局	《关于坚持农业农村高质量发展 加快推进海岛共同富裕的若干意见》	1. 鼓励创业创收。对低收入农户自主创业，按其投资额 50% 予以补助，补助最高不超过 20 万元，同时对符合条件的，每户可申请最高 10 万元生产贷款贴息，按 3% 年利率补助，贴息期限 3 年。对新型农业经营主体、未料加工经纪人吸收低收入农户就业的，按其支付低收入农户实际工资的 30% 予以补助。 2. 实施金融支持政策。鼓励洞头大学生创业带就业，对新投资渔业，对新投资渔业种养殖业、加工业、线上销售的，给予 30% 贷款贴息，贴息时限 3 年，最高累计贴息 5 万元。
舟山市	舟山市人民政府办公室	《高质量打造乡村振兴海岛样板地推进共同富裕示范区先行市建设行动计划（2021—2025 年）》	1. 优化农业生产经营方式。构建新型农业经营主体 + "三位一体"合作经济组织的现代农业经营体系，培育提升规范新型农业经营主体 500 家以上。培育省级农业产业化联合体 5 个，推动龙头企业与合作社、小农户建立利益结结关系，推动农业适度规模经营。培育农创客 2000 名以上。 2. 深入实施"两进两回"行动，培育乡村人才资源总量 3.5 万人以上，高素质渔农民 1500 人以上，打造省级引领性青年创业农场 20 家。
嘉兴市	嘉兴市农业农村局	《关于实施农业农村领域高质量发展推进共同富裕示范区建设城乡融合发展的典范示范区基础的实施意见》	培育壮大新型农业经营主体。构建新型农业经营主体 + "三位一体"合作经济组织的现代农业经营体系，促进小农户和现代农业发展有机衔接。深入推进百万素质农民培训工程和万家新型农业经营主体提升工程，促进农民创业创新。

续表

政策范围	发布机构	政策标题	关于 BOP 创业的政策措施
嘉兴市	中共桐乡市委、桐乡市人民政府	《桐乡争当高质量发展建设共同富裕示范区典范城市排头兵行动方案（2021—2025年）》	1. 大力培育更具活力创造力的市场主体。持续激发民企活力，全面落实民营企业发展促进政策，建立企业减负长效机制，坚持放水养鱼，富民导向，完善促进中小微企业和个体工商户发展政策体系，促进中小微企业"专精特新"发展；完善"雄鹰行动""凤凰行动"培育新小巨人、瞪羚企业，大力培育制造业单项冠军嘉兴领先、全省领先。2. 推动实现更加充分更高质量就业。强化就业优先政策导向，扩大就业容量，提升就业质量，力争累计城镇新增就业10万人以上，城镇调查失业率控制在5%以下；完善创业富民通道；推进省级高质量就业村（社区）创建；完善高校毕业生、退役军人和农民工等重点群体就业支持体系，进企业系列活动；探索完善网络约车、网络送餐、实施万名大学生进城乡社区，快递物流等新业态从业人员劳动权益保障机制。3. 打造山海协作和对口工作升级版。加强飞地园区合作，依托对口地区特色资源和产业优势，探索双方共赢前提下投资兴业，加强对地区涵养政府税源，带动群众增收。加强人力资源服务合作，助力结对地区信息共享交流平台，鼓励和引导两地人才参与双方创业创新，组织选派专技人才赴对口地区挂职；扩大劳务协作，鼓励支持对口地区劳动力来桐稳定就业。
台州市	台州市审计局	《台州市审计机关促进高质量发展建设共同富裕先行市实施方案（2021—2025年）》	围绕充分激发市场主体活力，鼓励全社会创业创新创造，畅通金融活水，打造最优营商环境等中央、省委省政府和市委市政府重大决策部署安排相关审计项目，重点关注市场主体升级工程、小微企业成长计划、国有民营改革、人力资源提升工程、国家小微金融改革创新示范区创建、营商环境"10+N"便利化行动等具体措施的落实情况和实施效果，着力揭示审计过程中存在的体制机制障碍和工作短板，积极提出审计建议，更好推动建设新时代民营经济高质量发展市节。

社会创业：共同富裕的基础力量

续表

政策范围	发布机构	政策标题	关于 BOP 创业的政策措施
湖州市	湖州市供销合作社联合社（农合联执委会）	《为农服务高质量发展推进共同富裕行动计划（2021—2025 年）》	1. 建立乡村创业服务体系，为农合联会员、"两回"人员、村经济合作社、农户等各类乡村小微主体发展休闲观光、农事体验、健康养生、农家小吃、民宿餐饮等乡村消费新产业新业态提供服务。2. 积极发展"合作型"集体经济。以区域农业龙头企业为主要载体，发挥资产经营公司众筹引领作用，创新要素入股方式，引导有实力有企业有企业联合有关基层社、农合联会员、村经济合作社、"两回"人员、农户等创业主体，小微合作社，小微合作社、服务各类合作社、小微主体合作共同体，服务各类合作社、小微主体合作共同体及乡村产业，打造乡村产业群体利益共同体。
丽水市	中共丽水市委、丽水市人民政府	《丽水加快跨越式高质量发展建设共同富裕示范区行动方案（2021—2025 年）》	1. 打造活力高效的创业创新生态。开展优化营商环境五年行动，实施"信用丽水"提质升级工程，丰富"生态信用"应用场景，打造市场化法治化国际化的一流营商环境。深化国资国企改革，优化国资布局结构，完善国资监管体系，实施"等级资产、投资"跃升行动和上市培育计划，强化国有资本推动共同富裕的市场战略功能，促进国有企业发展成果全民共享。实行统一的市场准入负面清单制度，支持民营市场主体升级做优做强，在促进共同富裕上发挥更大作用。深入实施法律环境和政策体系，完善促进中小微企业和个体工商户发展的要素市场。持续推进商事制度改革，深化"证照分离"改革，健全统一开放的要素市场，提升准入和退出便利度。2. 实施村集体经济收入和农民收入"双增"工程。健全"两进两回"长效机制，实施新乡贤助富工程和大学生返乡创业计划，推动人才、科技、资金、项目等要素集聚乡村，服务乡村，增强村庄发展活力，资互促乡村振兴，形成共同富强民富互促共进的生动局面。

152

续表

政策范围	发布机构	政策标题	关于 BOP 创业的政策措施
绍兴市	绍兴市农业农村局	《绍兴农业农村领域高质量发展示范区市域共同富裕推进建设行动计划（2021—2025年）》	1.提高低收入农户增收能力。发挥来料加工和嵊州小笼包、诸暨次坞打面等特色小吃产业牵引作用，积极支持低收入农户就业创业。2.率先推进乡村人才振兴改革。健全"两进两回"长效机制，围绕乡土、乡贤、乡创"三乡人才"，畅通多元化乡才留才通道，推行柔性引才政策，通过实施市"名士之乡"英才计划等重大人才工程，带动引进培育 1000 批乡村振兴领域高层次人才和团队，每年推动大学生返乡创业就业 300 名左右。立足当地资源优势和产业特色，打造高能级创业、创新、创意平台，建设一批乡村人才创业园、孵化基地和人才振兴综合体。实施万名农创客培育工程，每年培育农创客 2000 人左右。
绍兴市	绍兴市审计局	《绍兴市审计机关促进打造高质量发展示范区共同富裕示范市域实施方案（2021—2025年）》	聚焦推动更高质量创业就业。围绕完善创业就业促进体系，"扩中""提低"目标推进市委、市政府审计中心和审计项目，重点关注各类创业孵化基地等平台建设，"精英被匠"提升规划落实、重点群体增收潜力激发等工作的推进情况和取得的实效，着力发现各类政策落实中存在的体制机制性梗阻和不足，促进我市加快实现更高质量创业就业。

153

在国家层面，中共中央、国务院在《关于支持浙江高质量发展建设共同富裕示范区的意见》中明确表示，要激发各类市场主体活力，并提出了要"推动实现更加充分更高质量就业，鼓励返乡入乡创业"的政策方向。

在国家总体政策方针指导下，浙江省各政府部门先后出台了更为详细的指导政策，形成了浙江省 BOP 群体创业政策的基本框架。比如，浙江省农业和农村工作领导小组办公室、浙江省农业农村厅、浙江省乡村振兴局于 2021 年 7 月 5 日印发了《农业农村领域高质量发展推进共同富裕行动计划（2021—2025 年）》的政策文件，明确要求：①积极培育新型农业经营体系，大力发展农业产业化联合体，强化新型经营主体与农户利益联结机制。②开展农业农村投资"一件事"+"明白纸"集成示范试点，打造农业最优营商环境。③鼓励农村集体经济组织及其成员通过自营、出租、入股、合作等方式，盘活农村闲置宅基地和闲置农房，发展新产业、新业态。④构建新型农业经营主体 +"三位一体"合作经济组织的现代农业经营体系，建立小农户与现代农业有效衔接机制。

再如，中共浙江省委、省政府制定的《浙江省高质量发展建设共同富裕示范区实施方案（2021—2025 年）》明确指出要实现：①低收入群体增收能力、生活品质和社会福利水平明显提升。②激发技能人才、科研人员、小微创业者、高素质农民等重点群体增收潜力，让更多普通劳动者通过自身努力进入中等收入群体。③实施农民致富增收行动，培育 10 万名农创客，带动农民就近就地创业就业。又如，浙江省经济和信息化厅于 2021 年 9 月 2 日印发了《浙江省经济和信息化领域推动高质量发展建设共同富裕示范区实施方案（2021—2025 年）》，明确要求下属单位着力推进小微企业园建设、对接金融机构，加大对山区 26 县小微企业园建设的融资支持。

聚焦辖区 11 市,可以看到,相关政策文件的内容基本是各地政府遵照省级政府的政策框架因地制宜地制定量化指标与实施要求。就覆盖的 BOP 主体而言,相关政策涵盖了高校毕业生、退役军人、农民、残疾人、个体工商户、灵活就业者(快递员、外卖配送员、滴滴师傅)等。其中,针对第二产业和第三产业相对发达的城镇的相关政策主要侧重完善新业态从业人员的创业就业保障、激发高素质低收入群体(如基层干部、技能人才、科研人员、小微创业者等)的增收潜力,比如青创园、创业平台等的建设等;而针对山区、沿海欠发达地区的政策则主要侧重闲置生产要素的盘活,例如乡村屋顶光伏计划、闲置农房激活、农创客计划、"飞地抱团 + 低收入家庭持股增收"计划、新型农业经营主体的培育等。就具体举措而言,针对第二、第三产业相对发达的城镇,相关政策侧重于打造利于 BOP 群体创新创业的氛围,包括建立健全支持个体工商户发展的政策制度、推进小微企业创新创业、培育更有创造力的市场主体,建立健全企业减负长效机制等;而针对山区、沿海欠发达地区的政策文件则基本围绕"两进两回"①展开。

(二)基层创业的共同富裕政策的不足

在高质量发展建设共同富裕示范区背景下,浙江省各级政府出台了诸多关于鼓励、支持 BOP 群体创业的政策,但总体上看还存在以下几个方面的不足。

---

① 指浙江省政府办公厅出台的《关于实施"两进两回"行动的意见》,旨在推动科技、资金、人才等资源要素流向农村,从而"激发乡村发展活力,推进乡村全面振兴",是"科技进乡村、资金进乡村、青年回乡村、乡贤回乡村"的简称。

BOP 群体划分颗粒度有待进一步精细化。浙江省各级政府关于共同富裕的绝大多数政策文件关注的 BOP 群体聚焦在乡村低收入人口,对应政策大多从发展新型农业经营体系、农创客、农产品销购模式、普惠金融扶持等方面切入,仅有少部分政策关注了城镇低收入群体,然而此部分政策大多侧重为低收入群体提供高质量就业的机会、保障等,对于城镇低收入群体的创业同样缺乏切实有效的指导与有力支撑。BOP 群体颗粒度不够精细,对其群体属性、创业条件、创业需求等缺乏深入刻画,引致大部分鼓励和支撑政策流于形式,或缺乏具有可持续性的设计。

政策的区域针对性有待进一步提高。浙江省各级政府共同富裕政策中关于鼓励和支持 BOP 群体创新创业的政策举措基本覆盖了该群体创新创业的全生命周期,包括依托区域创业底子提供包容性创业机会(特色产业经济)、构建创新创业的基础设施(创业园、孵化器、实训基地、创意平台)和文化氛围(创客联合会、政府服务体系、农村营商环境)、提供创业启动支持(提供无息与贴息贷款、降低市场准入门槛)和创业项目商业模式支持(乡村新型合作社、乡村计划)、帮助创业企业做大做强(降低融资门槛,实施市场主体升级工程、小微企业成长计划)等。但总体来看,各区域政府间只是在达成指标上进行了差异性调整,针对促进 BOP 创业的具体政策举措并无明显差异。

区域政府间、关联产业间联动性有待提升。浙江省各区域政府鼓励和支持 BOP 群体创业的政策举措主要面向上级政策导向,就本区域实际情况进行调整,对跨区域、跨产业的 BOP 群体创业联动缺乏足够关注,包括完善闭环的 BOP 群体创业服务体系和支撑体系、BOP 群体创业的产业商业闭环系统等。BOP 群体创业是相较其他群体创业较为特殊的创业模式,要求更充分的创业准备、更全面的创业辅导、更完善的创业支撑,这就要在区域间、产业间构建良好的协同机制,确保BOP群体能够顺利启动创业、守住创业、壮大创业,实现创业带就业、创业增收。

BOP群体创业的可持续性有待进一步强化。自《中共中央 国务院关于支持浙江高质量发展建设共同富裕示范区的意见》出台以来,建设共同富裕示范区成为浙江省及下辖各级政府的重要政治任务,各区域政府相继出台了关于《浙江高质量发展建设共同富裕示范区实施方案(2021—2025年)》的相关政策。从某种意义上说,共同富裕的BOP群体创业开始成为"政策洼地",这极大集聚了社会、经济、政策、技术和文化资源,自然会对已有经济体系和模式形成挤出效应,但部分政策举措存在短期主义问题,可持续性不足,这将引致共同富裕导向的新产业、新模式对已有部分经济产业和模式产生替代效应的风险。故而,鼓励和支持BOP群体创业的政策设计应与现存的BOP群体就业创业现实形成良好的一体化体系,以提质增效,进而增加BOP群体收入。

二、激活基层创业推进共同富裕的政策思路

在迈向共同富裕的道路上,BOP群体是一个相对庞大的群体,其包含了许多更为细分、具有不同特征与不同需求的群体,针对当前浙江省共同富裕政策就BOP群体划分颗粒度不够精细的问题,本章首先拟从创业潜力和能力两个维度对BOP群体进行细分,其次基于我国二元经济结构区分处在乡村和城镇两大区域的BOP群体,最后从BOP个体和社会企业两大维度区分该过程中的行动主体,最终形成激活BOP创业、推进共同富裕

的整体政策思路。

（一）政策对象：进一步精细化基层群体颗粒度

根据创业群体的创业潜力和创业能力差异，可以区分出更为细分的四种 BOP 群体，即"无潜力、无能力""有潜力、无能力""无潜力、有能力""有潜力、有能力"，其中，"无潜力、有能力"此种情况基本不存在。政府部门要对三类 BOP 群体进行统一、标准化管理，帮助政府、企业、平台生态系统在帮扶、赋能、鼓励 BOP 群体创业时精准发力。

针对基于创业潜力和创业能力差异区分的不同 BOP 群体类别，需要提供相应的政策工具。一则，政策帮扶一批 BOP 创业。面向"无潜力、无能力"这一批 BOP 创业群体，需要政府出台帮扶型政策，依托帮扶型项目开发和实施，增加此类群体就业机会、个体工商户创业机会，提高其收入，最大限度地推动其实现自食其力，进而在再分配、第三次分配和政府兜底政策等的帮扶下实现共同富裕。二则，政策赋能一批 BOP 创业。对于"有潜力、无能力"的 BOP 创业群体，政府要完善相关赋能性制度并进行赋能平台建设，比如产业知识和技能的教育与培训、农创客发展联合会的运营等，提升其创业能力，实现创业增收。三则，政策激励一批 BOP 创业。对于"有潜力、有能力"的 BOP 创业群体，政府要完善相关激励性政策，为这类群体提供更加高效便捷的创业平台和良好的创业氛围，如提供税收优惠、办公地、创业津贴、贴息/无息贷款、融资渠道，树榜样、发证书、做宣传、帮推广，鼓励这一批 BOP 群体创业做大、做优、做强。

（二）政策情境：考虑基层创业的城乡经济基础差异

针对 BOP 群体创业的政策设计不仅需要区分其创业潜力与创业能力

的差异,还需要对创业者所处的情境进行必要的区分。对此,考虑到中国特殊的二元经济结构,显然处在乡村和城镇中的 BOP 群体所拥有的创业基础设施,能获得的创业机会、创业资源和创业政策等是迥乎不同的,需要进行差别化的制度设计考虑。

对于处在乡村的 BOP 群体而言,需要结合乡村的产业基础和产业创新的可能性,即主要依托第一产业转型、升级而产生的创业机会,从而设计完善、闭环的制度以帮扶、赋能、激励处在乡村的三类 BOP 群体创业。对于处在城镇的 BOP 群体而言,则需要结合城镇的产业基础和创业条件,即主要依托相对坚实的工业和服务业体系基础,面向工业和服务业转型升级所涌现的创业机会,设计利好 BOP 群体创业的帮扶、赋能和激励政策。

(三)行动主体:依靠基层个体、大公司、平台生态系统的共同努力

实现共同富裕需要全社会的共同努力,带动 BOP 群体创业、推进共同富裕同样需要从广泛的 BOP 群体个体、大公司、社会创新生态系统中汲取力量。

就 BOP 群体个体而言,首先,要转变 BOP 个体的思维,尤其要改变部分 BOP 个体"等、靠、要"的惰性思想,在 BOP 群体中形成以懒惰为耻、以奋斗为荣的创新创业创造氛围。其次,提高 BOP 个体的创业知识水平和技能,比如下派科技特派员到 BOP 创业场景中开展技术培训和辅导、依托特色产业开设技能培训班等,打造 BOP 个体的自我"造血"功能。最后,形成 BOP 个体创业产出的闭环个体,除发掘和打造具有前景的产业项目外,还需要为存在实际市场需求但单价过低的 BOP 创业产品和服务提供

价格保障,在必要时采用补贴、统购等非市场手段提高 BOP 创业产品和服务的单价,激发其创业热情,增加其收入。

就社会大型公司而言,一方面,要发挥大公司对 BOP 群体创业的帮扶作用,推进大公司的社会责任意识建设,联合企业家联合会等社会组织打造富有社会责任感的企业文化,引导盈利能力强的公司适当进行非利益最大化追求的 BOP 关联性产业投资,带动 BOP 群体创业就业。同时,也要考虑适当以减税、投资抵税等方式鼓励大公司面向 BOP 群体开展包容性创业。另一方面,要积极发挥大公司对 BOP 群体创业的赋能作用,尤其是科技型企业,要推动科技终端进入 BOP 群体创业情境赋能后者创业,提高网络资源对 BOP 群体的可及性和可使用性,提供更为友好、便捷的交互界面和交互功能,比如为文盲群体、盲人群体提供能够识别方言的智能语音交互功能,为乡村从事农产品销售的 BOP 农户提供便捷的电商直播服务、物流代办服务。

就社会创业生态系统而言,社会创业生态系统以平台企业主导的创业生态系统为主流,面向产业发展迈向"平台 + 微粒"的形态,平台企业主导的社会创业生态系统是整合大公司、BOP 个体力量的重要形式,故而其激活 BOP 群体创业主要考虑直接赋能和间接赋能两大路径:一是基于平台企业主导的社会创业生态系统的资源、技术、市场和合法性等优势,直接赋能 BOP 个体创业;二是发挥生态主导者的作用,吸引、协调生态系统参与主体的资源间接赋能 BOP 个体创业。

(四)激活基层群体创业以推进共同富裕的政策思路

综合 BOP 群体的细分结果、城乡经济基础差异以及激活 BOP 群体创

业的行动主体,形成激活 BOP 群体创业以推进共同富裕的政策设计框架,
如图 7-1 所示。

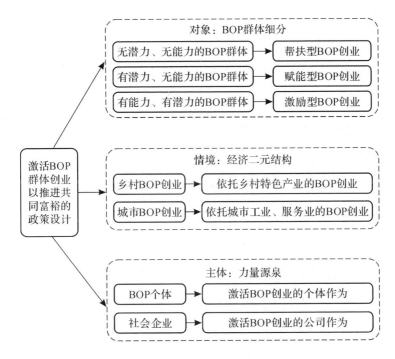

图 7-1　激活 BOP 群体创业以推进共同富裕的政策设计框架

在激活 BOP 群体创业以推进共同富裕的政策设计中,要遵循三条工
作思路。

加强组织领导。各地、各部门要把激活 BOP 创业作为实现共同富裕
目标的重要任务,将之纳入就业创业工作目标责任体系和重点督促考核
内容,加强组织领导,细化工作措施,做到摸排到位、帮扶到位、保障到位。

压实工作责任。各地、各部门要逐级分解压实工作责任,注意跨区协
同,确保对 BOP 群体创业帮扶、赋能、激励的政策措施落地见效。各级公

共就业人才服务机构要履职尽责,建立工作专班,明确职责分工、时间进度、工作要求。人社部门、乡村振兴局要定期调度行动实施和 BOP 群体创业进展情况。

强化宣传引导。各地、各部门要紧扣 BOP 群体创业帮扶、赋能和激励专项行动主题,开展形式多样、内容丰富的专题宣传活动,提高行动知晓度和参与度。要依托传统媒体和新兴媒介,主动亮出政策举措清单,加强宣传引导,选树一批 BOP 创业者自强不息、干事创业的优秀典型,营造全社会关心关爱 BOP 就业创业的良好氛围。

具体而言,首先,建议以乡村振兴局为领导单位,设立 BOP 创业工作小组,明确激活 BOP 创业工作的组织机制、教育机制、运营机制、考评机制、优化机制,切实保障激活 BOP 创业工作落到实处。其次,建议由乡村振兴局牵头组建 BOP 创业教练团,配备产业调研和分析专员、地质勘测与水质检测专员、农业科技专员、产业规划专员等各类人才,推进各区、各群体 BOP 创业的调研和谋划,形成全局性、跨区联动性的 BOP 群体创业规划和设计,切实推进 BOP 群体绿色创业、可持续创业。此外,建议乡村振兴局 BOP 创业工作小组广泛动员和协调市场力量,以补贴、减税、奖励等多种形式集聚技能培训机构、项目孵化平台、人力资源机构、金融机构、物流公司等市场力量参与到 BOP 创业的帮扶、赋能和激励中去,为 BOP 创业增收提供人才、资金、技术、项目支持。最后,发动各级政府和社会媒体资源,依托常规栏目和开设专门栏目,加强对帮扶、赋能和激励 BOP 创业的政策和 BOP 创业典型的宣传,形成良好的 BOP 创业氛围。

三、激活基层创业的政策设计

BOP 素质提高与发展受到限制是造成其收入较低的重要因素[①],故而 BOP 群体要增收实现共同富裕,关键之一在于 BOP 个体自身,除去部分确实无法依靠自身就业创业实现增收的 BOP 群体,还存在具有一定劳动能力的 BOP 群体,在针对激活其创业的政策设计中,首要任务是破除其"等、靠、要"的惰性思想,激发其创业热情。其次要为 BOP 个体创业提供适切的创业条件和创业平台,加强 BOP 个体创业的要素供给。最后要打造形成闭环的 BOP 创业产业链,将之内嵌到各行业的商业生态系统中,使之可持续。

本节在前述政策设计的整体思路基础上,尝试按照"激发 BOP 群体的创业意愿—提供可以创业的条件—构建创成业的保障"的逻辑,提出激活 BOP 个体创业的具体政策策略。

(一)激活乡村基层创业的政策设计

发展特殊乡村产业,帮扶一批乡村 BOP 个体创业。处在乡村且无潜力、无能力创业的 BOP 主要为老弱病残等弱势群体,受自身基础条件限制而完全丧失劳动能力的 BOP 群体主要依靠二次分配和三次分配,包括社会慈善、政府兜底等实现共同富裕,因此对帮扶乡村 BOP 创业的政策设计不考虑此部分群体。但部分无潜力、无能力的乡村 BOP 群体收入较低的

---

① 斯晓夫,严雨姗,傅颖.创业减贫前沿理论研究与未来方向[J].管理世界,2020(11):194-207.

社会创业：共同富裕的基础力量

原因在于其无法与周遭的现存经济结构适配而被边缘化，最终无法实现就业和创业，比如部分存在一定劳动能力的残疾人群、文盲、低智力人群等，针对激活此类无潜力、无能力的乡村 BOP 群体创业，要实行帮扶性的政策设计。首先，依托乡村产业基础条件开发特色产业，实施系列帮扶型乡村产业项目计划，比如依托乡镇企业辐射的家庭手工作坊计划、依托乡村资源的特色集体经济计划、残疾手艺人计划等，为 BOP 群体创业提供产业基础和机会。其次，要适当降低此类人群从事手工业、个体户等的市场准入门槛，同时要求地方工商局提供必要的工商资质准备工作指导等，比如卫生环境处理、生产安全措施、"三废"处理等。最后，积极发动村"两委"和乡村有能力的闲置劳动力，成立乡村 BOP 创业帮扶型项目服务团队，形成闭环的帮扶型项目服务，实行项目负责制，比如统购统销中间代办服务、物流代收代发服务、技能培训与指导服务、提供免息或低息垫资服务等，切实让乡村无潜力、无能力的 BOP 群体从帮扶型项目中找到获得感，激发其创业就业热情和持续投入。

构建现代化乡村产业，赋能一批乡村 BOP 个体创业。处在乡村的有潜力、无能力创业的 BOP 主要包括未就业的高校毕业生、年富力强的未就业青年、因家庭存在老弱病残幼而需要驻家照顾以致创业潜力被限制的青壮年、退役军人等，要激活此类 BOP 群体的创业，应实行赋能性的政策设计。首先，要将乡村青壮年 BOP 群体创业置于国家新型城镇化、乡村振兴战略框架中，以现代化新型乡村经济经营体的形式构建现代化农业、林业、渔业、牧业、旅游业，推动小农户与现代化农业的有机结合，推动乡村资源集约化、规模化利用与发展，打造现代化、可持续发展的乡村产业，比如在近市区的乡村开发周末游项目，将闲置民房改造成民宿等，通过打造

164

完整闭环新兴乡村产业开发产业链多位点的创业机会,赋能乡村 BOP 因地制宜地创业。其次,着重依托现代化乡村产业实施 BOP 群体创业能力提升计划,比如高附加值农产品、中药材、家禽、畜牧等先进种植、养殖技术培训等,提高其参与现代化乡村产业创业的能力。最后,在各乡村地区结合产业特色推进"千名青创客"和"万名农创客"的培育、典型树立、宣传推广等,推动一批有潜力但现下能力存在局限的乡村 BOP 青壮年群体就近就地创新创业,与地方现代化产业同步发展。

　　加大对乡村较为成熟的产业项目的培育力度,激励一批乡村 BOP 个体创业。处在乡村的有潜力、有能力创业的 BOP 主要包括已经开展了相关创业项目,但创业项目收益率低甚至出现亏损,引致收入低下甚至负债的创业人员。要激活此类 BOP 群体的创业,应实行激励性的政策设计。首先,针对已经创立但效益不佳的乡村创业项目,乡村振兴局 BOP 创业工作小组要派遣教练团成员到场帮助分析项目效益不佳的原因,包括技术诊断、渠道诊断、成本分析、资金使用需求分析等,为此类 BOP 创业者提供专业性、有针对性的指导意见,帮助对接必要的创业资源,帮助创业者形成规范的台账管理。其次,乡村振兴局 BOP 创业工作小组定期组织并带队区域 BOP 创业者到本地或者外地 BOP 创业项目比较成功的乡村创业样本企业参观、调研、学习。同时,BOP 创业工作小组还要与招商局协同,组织有创业潜力和能力的创业意向者到有意向投资的本地大企业参观、调研、学习。最后,加大对乡村 BOP 创业项目的支持力度,比如提供更低利率的贷款、减税或免税,加快推进乡村小微企业升级计划,鼓励乡村企业雇佣当地 BOP 群体,创业带动就业,实现更大范围的创业就业增收。

（二）激活城镇基层创业的政策设计

适当发展和包容低端创业项目，帮扶一批城镇 BOP 创业。处在城镇无潜力、无能力创业的 BOP 主要包括老弱病残等丧失正常劳动能力的群体，除部分已完全丧失劳动能力的 BOP 个体依靠二次分配和三次分配，包括社会慈善、政府兜底等实现共同富裕外，仍旧存在小部分无潜力、无能力创业的 BOP 群体可以从事一些技术含量低、知识含量低、体力耗损低的劳动，比如售卖水果、小吃、小物件，进行手工艺品创业，等等。对此，要激活此类 BOP 群体创业实现共同富裕，应实行帮扶性的政策设计。首先，依托社区党组织的力量和党建活动推动仍具备一定劳动能力但无潜力、无能力创业的城镇 BOP 群体转变思维，鼓励其投身经济建设，通过贡献自我力量实现增收。其次，要合理降低此部分 BOP 群体进行低端创业的门槛，例如降低对流动摊贩的严苛要求，规范流动摊贩管理，合理划定其经营区域，保障 BOP 个体可以以更低的成本自由创业。最后，完善城镇无潜力、无能力创业的 BOP 群体保障体系，扫清此类 BOP 创业的政策障碍，比如帮助低收入群体协调摊位、货源、客源、管理等问题。

支持新产业新业态发展，赋能一批城镇 BOP 创业。处在城镇的有潜力、无能力创业的 BOP 主要是大学生、退役军人、高素质农民工、基层干部、基础技能人才、科研基层人员等。有必要说明的是，不同于乡村经济形式单一、产业链缺失或不完善的情况，在工业和服务业相对发达的城镇，各行业都具有相对完善的产业渠道，而产业创新的主要力量来自政府代理机构和大企业，因此城镇 BOP 群体创业要更多地围绕其他群体已经建成或者正在建设的产业，基于规模经济逻辑进行创业，或基于利基市场提供互补服务和产品进行创业。因此,要激活有潜力、无能力创业的城镇 BOP 群体创业实现共同富裕,其赋能性的政策设计应该考虑:首先,加大力度支持能够承接 BOP 劳动力供给的新产业新业态发展,比如网络直播、视频剪辑、电商运营等,为 BOP 群体提供更多微型创业的机会和平台。其次,消除低收入、高素质城镇 BOP 群体(如科研基层人员、基础技能人才、基层干部)多点执业、多点就业、兼职创业的制度桎梏,释放 BOP 群体的创业激情,制度赋能 BOP 群体创业增收。此外,依托社区党建、行业协会、专业培训机构等多方力量开展 BOP 微型创业的公益讲座和活动,加强 BOP 创业的通用性和专用性知识及技能培训,提高这类城镇 BOP 群体的创业能力。最后,协同市场力量为 BOP 群体创业提供专项资金、技术、人才支持,赋能 BOP 群体成功创业。

　　加大对劳动密集型工业和服务业新创企业的支持力度,激励一批城镇 BOP 个体创业。处于城镇的有潜力、有能力创业的 BOP 群体主要包括处在起步阶段而无法实现创业增收、无法有效打开市场、无法形成有效供应链管理、创业失败的小微企业创业者和个体工商户经营者等,这些 BOP 群体创立的小微企业和个体工商户风险承担能力相对不足。针对激活此类 BOP 群体创业实现共同富裕,应实行激励性的政策设计。首先,要引导部分 BOP 群体进入地域性极强但是能够嵌入快速且高质量发展产业的低端工业(如轻加工)和服务业(如餐饮)利基市场进行创业,比如家庭服务业企业、物业管理服务企业、养老服务机构等,提高此类 BOP 群体创业的成功率。其次,出台更多实质性的创业优惠政策,为 BOP 群体创立的企业降本减负,推动相对成功的由 BOP 群体创立的企业稳步做大做强。同时,积极发挥 BOP 创业教练团的作用,协同市场力量,帮助无法实现有效创业的 BOP 创业个体对其创业项目进行分析诊断，为这些项目提供行之有效的解决方案，并在创业政策支持范畴内提供创业支持，帮助这些 BOP 群体创业项目转危为安。最后，政府和市场协同，打造一批 BOP 创业基地，对正在创建的 BOP 创业项目进行孵化，帮助其顺利度过初创期，快速成长。

四、鼓励大公司推动基层创业的政策设计

BOP 群体资源欠缺是导致其收入较低的重要因素[①]，而科技赋能是提升创业资源对 BOP 群体可及性的重要方式。数字技术应用（如互联网宽带和网速）、互联网平台应用（如"淘宝村"）等都对创业减贫、实现共同富裕具有积极正向的作用。数字技术能够帮助 BOP 群体在数字平台上进行创业孵化，实现自我雇佣创业并加入大公司的商业生态[②]，比如低收入农民通过电商平台以更高的价格更快地销售自己生产的农产品从而实现收入增加，又比如城镇 BOP 申请加盟成为互联网公司终端运维主体从而实现创业增收，等等。

在激活 BOP 群体创业以推进共同富裕建设进程中，社会企业要有更多担当和作为。本节在前述基础上，尝试从鼓励大公司推动 BOP 创业的角度进行相关制度设计的思考，讨论鼓励大公司投入帮扶、赋能、激励乡村 BOP 创业和城镇 BOP 创业的政策设计。

---

① Sutter C, Bruton G D, Chen J. Entrepreneurship as a solution to extreme poverty: A review and future research directions[J]. Journal of Business Venturing, 2019, 34(1): 197-214.

② Si S, Yu X, Wu A, et al. Entrepreneurship and poverty reduction: A case study of Yiwu, China[J]. Asia Pacific Journal of Management, 2015, 32(1): 119-143.

（一）鼓励大公司投入乡村基层创业的政策设计

鼓励大公司投入乡村产业，帮扶一批乡村 BOP 创业。面向无潜力、无能力创业的乡村 BOP 群体，要鼓励大公司投入公益或半公益的乡村项目，帮扶一批 BOP 群体创业。一方面，依托区域企业家联合会、区域企业家代表会议等多个渠道，加强对大公司和企业家群体的社会责任教育；积极调动区域媒体资源，加强对帮扶乡村 BOP 群体创业致富的典型公司、典型企业家的宣传，树立大公司主动作为助力共同富裕的正面形象，依托广泛的社会认同树立大公司的品牌形象，成就企业家自我实现的价值追求，引导更多大公司投入乡村 BOP 创业的帮扶行列。另一方面，乡村振兴局要协同其他政府部门、社会力量加强乡村基础设施建设，持续推进乡村宜商环境构建，为大公司进入乡村投资奠定基础，比如推进乡村土地流转制度改革，为大公司在乡村投入现代化农林渔牧业项目提供土地资源供给的保障，让乡村 BOP 群体可以依托大公司投资项目进行就业创业，包括家庭手工作坊加工、包装等。

值得说明的是，在大公司投入乡村 BOP 创业帮扶项目时，要特别注意帮扶项目的系统性、可持续性。在过往大公司帮扶乡村 BOP 创业的经验中，企业家和大公司也乐意投入帮扶，却并不乐意长期投入乡村 BOP 创业帮扶项目，形成了"给钱、给物质"的捐赠性行为，而乡村 BOP 群体本身的知识和技能都无法适配帮扶项目，最终导致帮扶项目失败。比如，大公司为乡村 BOP 群体提供果苗、禽苗、畜幼体等，但乡村 BOP 群体缺乏相关知识和技能，最终导致这些帮扶项目失败。故而，政府部门在鼓励大公司进行乡村投资以帮扶 BOP 创业之前，要进行充分调研，要对拟帮扶 BOP 对象进行充分的培训和指导,构建大公司投入乡村 BOP 创业帮扶项目的有效性机制。

鼓励大公司依托技术包络和用户包络,赋能一批乡村 BOP 创业。对于有潜力、无能力创业的乡村 BOP 群体,大公司对其进行赋能大致存在两条路径:一是技术包络赋能,二是用户包络赋能。技术包络赋能要求大公司将自身成熟的技术以极低的价格拓展到乡村产业情境中,将 BOP 群体连入大公司成熟的商业模式中,以技术赋能其创业增收。比如,鼓励电信公司为推进乡村 BOP 群体直播等推出更优惠的流量包服务。又比如,鼓励电子商务公司依托电子商务平台技术包络,赋能乡村 BOP 实现网络销售,包括鼓励这些公司为乡村 BOP 群体提供标准化的店铺设计,免除乡村 BOP 群体开设网店的费用,不以销售排名显示乡村 BOP 群体开设的店铺,并且增加推送乡村 BOP 群体的店铺和商品。在这方面,淘宝、拼多多等电子商务公司已经进行诸多探索,但要加强管理,避免出现"赔本赚吆喝"的现象,要让乡村 BOP 群体真正能从电子商务平台赋能中获益。用户包络赋能要求大公司凭借自身广泛的用户基础,为乡村 BOP 群体创业的产品和服务提供引流服务,实现这些产品和服务的快速、高质变现。比如,乡村农民可以借助电子商务平台的广泛链接,将自家农产品以更高的价格销售到更远、更多的客户手中,实现增收。无论是技术包络还是用户包络,除鼓励大公司开发更加简易、更友好的交互界面外,政府部门还应该与这些大公司形成配合,共建乡村产业赋能基站,培训当地有能力的、闲置的劳动力成为基站常驻服务人员,为技术包络和用户包络赋能乡村 BOP 创业提供必要的技术和知识服务。

鼓励大公司投资和培育乡村 BOP 创立或正在创建的企业,激励一批乡村 BOP 创业。对于有潜力、有能力的乡村 BOP 已经创立或者正在创建的项目，要鼓励大公司进入投资和培育，激励这些乡村 BOP 创立的企业快速实现盈利、快速成长。首先，要发挥政府乡村振兴投资基金的引导性作用，树立乡村 BOP 创业优秀投资样板（足够高的投资回报率），降低制度门槛和投资不确定性，让大公司看到投资乡村 BOP 创业有利可图，以一定比例确定投资抵税、土地优惠、税收优惠等，引导大公司投资部门甚至专门投资公司划拨部分资金投资乡村产业、BOP 创业项目。其次，BOP 创业工作小组要联合招商局引入关联乡村产业的大公司进入投资，比如文旅电商集团公司、大型农林渔牧业公司等，鼓励大公司以收购、参股等方式激励已初具规模、渐趋成熟的乡村 BOP 群体创业企业，以先进的管理理念、运营方式推动这些企业实现正规化、规模化运作，提高其生存能力和市场竞争能力。最后，乡村振兴局 BOP 创业工作小组要协同关联乡村产业的大公司在项目培育和孵化方面的优势，在乡村枢纽地建设一批高质量的乡村 BOP 创业项目孵化基地，鼓励大公司形成系统性、具备可复制性的培育方案来对乡村 BOP 创立的企业进行培育和孵化，以创业带动就业，实现共同富裕。

（二）鼓励大公司投入城镇基层创业的政策设计

鼓励大公司面向城镇 BOP 群体适当保留或开设低端业务和低端生产模式，帮扶一批城镇 BOP 创业。在无潜力、无能力创业的城镇 BOP 群体中，除了需要政策兜底的部分，仍旧存在有一定劳动能力的 BOP 群体，这部分群体大都为产业转型升级后被淘汰的产业工人、被淘汰但又不愿意回村生活的农民工等。要鼓励大公司帮扶这部分 BOP 群体创业，有两条政策路径:其一,鼓励大公司在面临平衡转型升级与BOP群体就业创业帮扶时,适当向后者倾斜,鼓励大公司保留或者开设低端业务模式和低端生产模式,帮扶原本依赖这类模式就业创业的城镇BOP群体,使其不会因为无法在短期内实现能力升级快速跟上产业升级换代而失业或创业失败。要特别指出的是,产业转型升级是长久之事,除少部分劳动力能够通过培训实现能力升级以适应新兴产业外,国家和地区全产业转型升级要求劳动力供给市场的代际更替,政府不能过分要求大公司,大公司也不能罔顾劳动力市场高素质人才供给短缺的事实,以避免最终陷入大量旧模式工人被淘汰、新型工人严重短缺的困境。这是当前全国大量劳动力就业难但同时企业招工难的根本原因,也是各地大搞人才"争夺战"的重要原因。其二,鼓励大公司对资本扩张形成良好的自我约束,鼓励大公司追求更高更远的科技梦想,适当放弃低技术含量的市场,比如大部分因产业升级淘汰下来的产业工人赖以为生的摊贩市场,让出城镇BOP群体创业就业的空间。

鼓励大公司发挥资源和技术优势开展包容性创业,赋能一批城镇BOP群体创业。鼓励大公司投入激活处于城镇的有潜力、无能力创业的BOP群体创业,这主要是考虑到大公司的包容性创业:一是已有业务的包容性下沉,二是创新包容性创业业务。对于其一,首先要鼓励大公司(尤其是互联网公司)降低城镇BOP群体嵌入其成熟业务实现创业的门槛,比如开发更加简易、人性化、友好、普惠化的操作界面,提供更便宜、专业的终端辅助设备等,赋能一批有可能依托互联网进行创业的城镇BOP群体增收。其次,要鼓励大公司和市场力量对城镇BOP群体进行必要的数字化培训和技能培训,比如数据分析师、数据标注师、数据安全员、插画师、验黄师、播音员的培训等；又如，鼓励 MCN 公司定期面向城镇 BOP 群体开设直播培训公益课，让其能够顺利嵌入大公司成熟的业务网络中。最后，鼓励大公司降低或取消城镇 BOP 群体加盟其业务的加盟费、管理费等，为 BOP 群体提供更多嵌入大公司成熟业务的创业机会，赋能一批城镇 BOP 群体创业就业。对于其二，一方面，政府部门要在降低包容性创业风险上发挥更大作用，只有从政策层面让风险更加清晰、更加可控，大公司才更愿意进入这些市场进行投资。故而，政府基金在此过程中要发挥引导作用，打造城镇 BOP 群体创业的样板，给其他市场投资主体打好样，让更多大公司更加积极地涌进广阔的低端市场进行包容性创业，依托业务拓展创造更多的创业机会赋能城镇 BOP 群体创业。另一方面，对于大公司面向 BOP 群体赋能的包容性创业项目，政府要适当地给予办公场地、税收、补贴等各方面的政策优惠，保障大公司在获得较低投资回报的情况下，仍旧能够持续赋能 BOP 群体创业。

　　鼓励大公司投入激励一批城镇 BOP 群体的创业企业做大做强。对于激励有潜力、有能力的城镇 BOP 群体创业，大公司主要可以在 BOP 群体创立企业的初期更主动地发挥作用。BOP 群体大多对行业缺乏充分认识，这往往导致其面临更高的创业不确定性。同时，城镇 BOP 群体拥有的创业资源往往有限，其创立的小微企业和个体工商户风险承担能力相对不足。故此，一方面，可以鼓励大公司在政府部门牵头成立的创业教练团中运用其对行业和市场的专业认识，为城镇 BOP 群体提供专业的行业和市场知识辅导，提供更为恰当的创业择业辅导，确保城镇 BOP 群体创业成功。另一方面，可以鼓励大公司面向城镇 BOP 群体创立或正在创建的小微企业和个体工商户免费或者低价开放其技术工具[如平台即服务

(PaaS)、软件即服务(SaaS)、基础设施即服务(IaaS)等服务模式]、市场渠道服务(如电子商务平台)、品牌塑造服务(如电商品牌孵化);鼓励大型金融公司为城镇 BOP 群体创立的小微企业提供低息金融服务;鼓励大型软件公司为城镇 BOP 群体创立的小微企业提供通用性软件服务,比如企业资源计划系统(ERP)、客户关系管理系统(CRM)、人力资源管理系统(HRM)等;鼓励大型公司适当开放其检测能力、实验能力,为创业的城镇 BOP 群体提供技术支持,比如检测服务、产品验证等。最终帮助城镇 BOP 群体创立的小微企业解决融资难、无法有效打开市场、无法形成有效管理等问题,帮助有潜力、有能力的城镇 BOP 群体开展创业活动并将企业做大做强,激励其创业增收,推进共同富裕。

五、推动社会创业生态系统赋能基层创业的政策设计

在社会创业生态系统中,一般由提供平台基础设施的企业扮演主导者的角色,其主导设计了社会创业生态系统的治理规则,对参与者(企业、团队、个体)进入和退出生态系统进行选择,也对参与者参与生态系统的价值创造过程进行激励、控制、赋能。换言之,处在平台企业主导的社会创业生态系统中的 BOP 个体/群体,一方面会受到平台主导企业的直接影响,另一方面则会受到非平台主导企业的其他行动主体的影响。

"物以类聚,人以群分。"首先,BOP 创业者拥有的社会网络关系相对较为简单和同质化,这使得 BOP 创业者在创业过程中,出于缺少与外部网络连接的原因,不仅面临更为严峻的资源困境,也无法有效识别创业机会。其次,BOP 创业者往往还因为科学教育的缺失,受到更严重的家族制

度、传统习俗等非正式制度的约束。最后,BOP 创业还存在明显的人力资源供给限制,这在乡村尤为严重;即便是在城镇中,由于 BOP 群体创业大多是小微创业,领域低端、技术落后、产品理念不先进、商业模式不卓越等都是常态,无法对优秀的人才产生足够的吸引力。对此,社会创业生态系统可以从市场、制度、技术等方面入手,在 BOP 创业赋能中发挥更大作用。

　　本节在前文基础上,上升到社会创业生态系统层面,就推动社会创业生态系统赋能 BOP 创业的政策进行思考。一则考虑如何发挥社会创业生态系统对 BOP 创业的直接赋能作用,帮助 BOP 群体突破创业机会识别、机会开发与利用(市场、制度、技术)的限制,推动其创业成功;二则考虑平台主导企业如何激发社会生态系统各参与主体对 BOP 创业进行赋能的意愿,为赋能过程提供便利并协调该赋能过程。

(一)推动社会创业生态系统直接赋能基层创业的政策设计

　　推动社会创业生态系统直接赋能乡村 BOP 群体创业。在赋能乡村 BOP 创业机会识别和市场拓展上,要推动平台主导企业将社会创业生态系统延展到乡村地区,基于自身独特的商业模式为乡村 BOP 群体提供大量的创业机会并帮助其快速打开市场,比如阿里巴巴的"淘宝村"模式帮助乡村 BOP 实现个体创业,实现乡村农产品的规模化种植养殖、规范化粗加工和销售。在赋能 BOP 群体突破落后非正式制度桎梏上,要推动平台型社会创业生态系统加强对创新创业基础知识的科普和科学教育,比如鼓励创业生态系统主导者借助直播、视频教育等方式组织乡村 BOP 群体进行观看和学习,开阔并转变乡村 BOP 创业群体的思维,使其更具创新创业精神、自主精神、探索精神。在赋能 BOP 创业突破技术限制上,要推动平台型社会创业生态系统为乡村 BOP 群体提供廉价、高品质的创业资源，比如为乡村 BOP 群体创业提供一揽子的平台赋能解决方案，包括金融服务、品牌建设、包装、运输、售后支持等。同时，也要推动平台型社会创业生态系统从内生和外生两个视角解决乡村 BOP 创业的人才缺失问题，一则在创业教练团等赋能组织基础上，鼓励社会创业生态系统基于丰富的生态资源，将一批乡村 BOP 群体培养成乡村创业所需的人才，包括技能培训等；二则推动社会创业生态系统的主导者向乡村地区输送 BOP 创业的专业辅助人才，为乡村 BOP 创业提供专业的技能支持，比如 MCN 培养人才、特色品牌策划专家等。

推动社会创业生态系统直接赋能城镇 BOP 群体创业。城镇 BOP 群体不同于乡村 BOP 群体，后者有大量可利用的闲置的农村资源，包括土地、自然资源等，城镇 BOP 群体相较而言处在更为发达的商业环境中，拥有更多低端就业和创业机会。在赋能城镇 BOP 群体创业的市场拓展上，平台型企业主导的社会创业生态系统本身就具备这样的优势，可以引导、鼓励平台企业针对城镇 BOP 群体创业的场景开发界面更为简洁的应用，帮助其更好地展示商品和服务以获得顾客。在赋能城镇 BOP 群体创业突破落后非正式制度桎梏上，推动平台型企业提供更多创新创业的公益课程，以更为恰当的方式呈现给城镇 BOP 群体，转变其创业思维，激发其创新创业动力。在赋能城镇 BOP 创业突破技术限制上，城镇 BOP 群体能相对更为容易地接触到其创业所需的各种技术，关键在于其缺乏购买和租用这些技术的必要资金。政府要推动平台企业进行收费模式的创新甚至免费向城镇 BOP 创业群体提供技术支持。

（二）推动社会创业生态系统间接赋能基层创业的政策设计

推动平台主导企业激励社会创业生态系统参与主体产生赋能 BOP 创业的意愿。企业具有逐利的本性，尽管社会公众可以通过企业形象、声誉等间接对企业绩效产生影响，但是否履行社会责任并不构成对企业的硬性约束。在平台企业主导的社会创业生态系统中，平台主导企业有必要发挥主导者在引导和激励参与主体赋能 BOP 创业方面的作用。一方面，推动平台主导企业在社会创业生态系统中加强对 ESG（environmental，social，governance，即环境、社会、治理）等非财务的投资理念和企业价值取向的宣贯，在精神层面激发参与主体投入社会创业生态系统赋能 BOP 创业的精神动力。另一方面，要推动平台主导企业在对生态系统进行规划和设计时，适当向赋能社会创业倾斜，同时设计适当向参与企业让步的价值分配方案，在物质层面以相对客观的投资回报调动参与主体赋能 BOP 创业的积极性。

推动平台主导企业为社会创业生态系统参与主体赋能 BOP 创业的过程提供便利。政府部门要鼓励、支持、辅助平台主导企业构建利于社会创业生态系统参与主体赋能 BOP 创业的全流程、全维度支撑体系。一方面，要推动平台主导企业加强平台基础设施的标准化和模块化建设，构建公平竞争的治理体系，不人为地限制社会企业、团队、个体参与或退出创业生态系统，吸引更多社会主体参与社会创业，壮大赋能 BOP 创业的力量。另一方面，要推动平台主导企业构建多元化的 BOP 创业赋能解决方案，同时加强社会创业生态系统参与主体触及乡村和城镇 BOP 群体的通道建设，生态系统参与主体可以根据自身资源和能力优势选择赋能方案，更便捷和更高效地赋能 BOP 创业。

　　推动平台主导企业协调社会创业生态系统参与主体协同赋能 BOP 创业。以社会创业生态系统的方式赋能 BOP 创业绝非生态系统主导者或者参与企业、团队、任何个体的独立行为，而是依托多主体的集体智慧、集体能量的集体行动。故而，一方面，要推动平台主导企业为社会创业生态系统各参与主体赋能 BOP 创业开发并提供友好、便捷、高效协同工作的工具、机制和流程，提高协同赋能效率。另一方面，要推动平台主导企业为社会创业生态系统各参与主体协同赋能 BOP 创业设计恰当的赋能 BOP 创业的商业模式和合理的利益分配机制，良好的商业模式设计能够充分发挥协同赋能主体的优势，最大限度地产出赋能效益，做大社会创业生态系统赋能 BOP 创业的"蛋糕"。同时，合理的利益分配机制能够在保障提高 BOP 创业收益的同时，让各参与主体有持续投入 BOP 创业协同赋能的动力，真正分好社会创业生态系统赋能 BOP 创业的"蛋糕"，最终实现 BOP 创业效益提升和效益分配的有机协同，推进共同富裕。

参考文献

［1］戴维奇，王铱，林巧. 合法性视角下公司社会创业多案例研究［J］. 科技创业月刊，2021(11)：1-10.

［2］戴维奇. 理解"公司社会创业"：构念定位、研究梳理与研究议程［J］. 科学学与科学技术管理，2016(4)：35-44.

［3］傅颖，斯晓夫，陈卉. 基于中国情境的社会创业：前沿理论与问题思考［J］. 外国经济与管理，2017(3)：40-50.

［4］斯晓夫，严雨姗，傅颖. 创业减贫前沿理论研究与未来方向［J］. 管理世界，2020(11)：194-207.

［5］汪忠，廖宇，吴琳. 社会创业生态系统的结构与运行机制研究［J］. 湖南大学学报(社会科学版)，2014(5)：61-65.

［6］邬爱其，刘一蕙，宋迪. 区域创业生态系统对农民创业绩效的影响——来自浙江省的经验证据［J］. 农业技术经济，2021（1）：105-116.

［7］邢小强，仝允桓，陈晓鹏. 金字塔底层市场的商业模式：一个多案例研究［J］. 管理世界，2011(10)：108-124.

［8］徐美芳. 包容性创新：让更多人受惠［J］. 检察风云，2017(21)：34-36.

[9] 袁丹，王冰，郑晓芳. 社会创业生态系统构成及形成机理研究[J]. 农村经济与科技，2016(24)：161-162.

[10] Anderson A R, Obeng B A. Enterprise as socially situated in a rural poor fishing community [J]. Journal of Rural Studies, 2017, 49: 23-31.

[11] Antoncic B, Hisrich R D. Intrapreneurship: Construct refinement and cross-cultural validation[J]. Journal of Business Venturing, 2001, 16 (5): 495-527.

[12] Autio E, Sapienza H J, Almeida J G. Effects of age at entry, knowledge intensity, and imitability on international growth [J]. Academy of Management Journal, 2000, 43(5): 909-924.

[13] Chandra Y. A time-based process model of international entrepreneurial opportunity evaluation[J]. Journal of International Business Studies, 2017, 48(4): 423-451.

[14] Fan Y, Chen N, Kirby D. Chinese peasant entrepreneurs: An examination of township and village [J]. Journal of Small Business Management, 1996, 34(4):72-76.

[15] Foss N J, Lyngsie J, Zahra S A. The role of external knowledge sources and organizational design in the process of opportunity exploitation[J]. Strategic Management Journal, 2013, 34(12): 1453-1471.

[16] Granovetter M S. The strength of weak ties[J]. American Journal of Sociology, 1973, 78(6): 1360-1380.

[17] Grant R M, Baden-Fuller C. A knowledge accessing theory of strategic

alliances[J]. Journal of Management Studies, 2004, 41(1): 61-84.

[18] Hayek F A. The use of knowledge in society[J]. American Economic Review, 1945, 35(4): 519-530.

[19] Kuratko D F, McMullen J S, Hornsby J S, et al. Is your organization conducive to the continuous creation of social value? Toward a social corporate entrepreneurship scale[J]. Business Horizons, 2017, 60(3): 271-283.

[20] Lin S, Si S. Factors affecting peasant entrepreneurs' intention in the Chinese context[J]. International Entrepreneurship and Management Journal, 2014, 10(4): 803-825.

[21] Prahalad C K. The Fortune at the Bottom of the Pyramid: Eradicating Poverty Through Profits, Revised and Updated 5th Anniversary Edition [M]. Upper Saddle River: Wharton School Publishing, 2009.

[22] Prahalad C K, Hammond A. Serving the world's poor, profitably[J]. Harvard Business Review, 2002, 80(9): 48-59.

[23] Rogers S. Betting on the strong: Local government resource allocation in China's poverty counties[J]. Journal of Rural Studies, 2014, 36: 197-206.

[24] Shane S. Prior knowledge and the discovery of entrepreneurial opportunities[J]. Organization Science, 2000, 11(4): 448-469.

[25] Shane S, Venkataraman S. The promise of entrepreneurship as a field of research[J]. Academy of Management Review, 2000, 25(1): 217-226.

[26] Si S, Yu X, Wu A, et al. Entrepreneurship and poverty reduction: A case study of Yiwu, China[J]. Asia Pacific Journal of Management, 2015, 32(1): 119-143.

[27] Sutter C, Bruton G D, Chen J. Entrepreneurship as a solution to extreme poverty: A review and future research directions[J]. Journal of Business Venturing, 2019, 34(1): 197-214.

[28] Turgo N. "Laway lang ang kapital" (Saliva as capital): Social embeddedness of market practices in brokerage houses in the Philippines [J]. Journal of Rural Studies, 2016, 43: 83-93.

[29] Young R. For what it is worth: Social value and the future of social entrepreneurship [M]// Nicholls A. Social Entrepreneurship: New Models of Sustainable Social Change. Oxford: Oxford University Press, 2008: 56-73.